MW01240680

Luis M. Vázquez

RETAZOS DE PANDEMIA Y TIEMPOS PERDIDOS

POEMARIO

En ese 2020 que es y no fue... en esos días que fueron y no son... en este tiempo de vivir en el limbo, custodiados por cuatro paredes y en donde la paciencia y la capacidad de adaptación se ubicaron en límites insospechados.

En este instante en que las maletas se quedaron en el fondo del armario, jubiladas y en espera de un mejor momento para poder salir de nuevo al mundo... ese mundo colapsado y enfrentado a uno de sus peores retos en su ya largo existir.

Es ahora que solo nos queda dejar nuestra memoria grabada, las historias de estos días oscuros, llenos de angustia pero, entrelazados con algunos momentos cargados de esperanza y buenaventura.

Porque ya vendrán tiempos mejores y aunque no estarán con nosotros todos aquellos que iniciaron este camino, su recuerdo será el principal motivo para seguir trazando huellas infinitas a cada uno de nuestros pasos.

Quede entonces tan solo la memoria de estos días fragmentados que poco a poco recuperarán su forma, uniendo aquellos retazos... retazos de pandemia y tiempos perdidos.

Luis M. Vázquez

INDICE

MEMORIAS ENTRE CUATRO PAREDES

"...Y miro a las estrellas"

...Y miro a las estrellas
y nada se asemeja a la quietud,
la tranquilidad que fluye del proceso
de observar un instante alrededor.

...Contemplo el firmamento
y un remanso se aloja en mi interior,
pasivo y constante en simetría
con esa inmensidad que me cobija.

Todo es perfecto...
cada estímulo parte del biorritmo,
un latido que emerge del origen,
del perfecto vaivén de la razón.

...Y miro a las estrellas
y descubro ser símil de un microbio,
engranaje que cumple con su parte
de esta máquina en firme traslación.

...Observo el horizonte
y el mundo cobra su exacta dimensión;
microscópico, impávido y activo
en constante proceso de elección.

Todo es correcto...
todo pasa por una condición
del control que equilibra cielo y tierra
en la ruta hacia su transformación.

...Y miro a las estrellas
y contemplo de nuevo aquel espacio
en que el agua se alinea con la luna
para que llueva y florezcan las raíces

de este mundo activo y palpitante
en el que somos ceniza que se esparce
hacia cada confín del universo...
para seguir en constante evolución.

———

“3000 metros de confinamiento”

3000 metros de confinamiento,
120 días sin retornar,
son presa fácil de este delirio
de sueños rotos y obscuridad.

Barreras impías que juzgan todo,
dejando luto ante la oquedad
surgiendo inerte en cada camino
que no conduce a ningún lugar.

3000 metros de confinamiento,
barrera oculta e inmaterial,
creciendo rasa entre las raíces
que dieran forma a esta orfandad.

Instantes idos a un mar sin fondo
tomando fuerza en la tempestad,
que ha transformado nuestro destino
dejando libre a la iniquidad.

3000 metros de confinamiento,
tantas historias que no estarán
dejando huecos indescriptibles
en los pasillos de cada andar.

Relojes cíclicos sin sentido,
arena inerte tras gravitar
trazando líneas de cal sin brillo
en telarañas por continuar.

3000 metros de confinamiento,
120 días y tantos más
que van reuniéndose en el olvido...
y en mil historias que no serán.

"Avenidas extrañas"

Avenidas extrañas
de seres maquillados
que solo muestran caretas
escondiendo su perfidia.

Calles de sueños perdidos,
encarcelando recuerdos
de historias nunca vividas
en este limbo inusual

de caminos compartidos
que hoy transitan reprimidos
en tanto encuentran la ruta
hacia un nuevo comenzar.

Avenidas extrañas,
testamentos perdidos
en la urbe inhumana
que nos toca enfrentar.

Periferia infinita
entre círculos fijos
que sucumbe al infierno
que hoy parece reinar.

Boulevard de cuentos rotos
escondiendo sus motivos
entre caretas y risas
de una obsesión comprimida

de conquistar cada espacio
sin importar cómo y cuándo
mientras rezamos tranquilos
en la tumba de un juglar.

"Me declaro"

Me declaro piel clara,
negra, albina por azar
con tendencia a la calvicie
y un algo de obesidad.

Me declaro occidental
por un capricho divino
con las raíces latinas
por simple casualidad.

Me declaro inherente
al amor entre los hombres
y las mujeres que se unen
para amarse tal por cual.

Me declaro imperfecto,
algo clasista al hablar
y que construye ironías
de forma un tanto mordaz.

Me declaro profano
y mojigato a la vez,
también un tanto inflexible
ante lo que es mi verdad.

Me declaro distinto
y a la vez tan parecido
en la búsqueda algo ambigua
de encontrar finalidad.

Y de tanto que declaro...
ya tan solo me declaro...
que hago camino observando
y sin querer segmentando
lo que debiera ser claro:

"Que soy solo un ser humano...
como todos los demás"

———

“En mi camino hacia Ti...”

En mi camino hacia Ti...
no hay obstáculos que valgan,
ni recorridos sinuosos, de empinados recovecos.
Sólo una vereda plana, de rústica remembranza
que me sonríe al saber que compartimos la causa.

En mi camino hacia Ti...
todo es paz y en armonía
se cruzan varias estelas de seres afortunados
que ven en cada tropiezo el inicio de un comienzo
para seguir adelante sin encontrar solo el mal.

Miro hacia el cielo con calma,
agradeciendo mi estancia
y el acceder al respiro
que fluye en cada ser vivo.

En mi camino hacia Ti...
todo es comunión y gracia;
La entereza viaja impresa en cada nueva experiencia.
Si existen malos humores, días plagados de temores,
siempre, al final de la ruta, todo tiene un solo fin.

En mi camino hacia Ti...
en el todo compartido,
en que no existen rencores, envidias ni suspicacia.
Sólo un bien único, expreso
y este sendero continuo que conduce a tu perfil.

Observo dentro y sonrío,
como siempre, agradecido
de compartir lo que he visto...
en mi camino hacia Ti.

"La cueva"

La cueva...
el lugar perfecto, el lugar ideal.
Donde todo es correcto,
donde nada está mal.

La cueva...
Llena de tus recuerdos,
de tu infancia serena,
de tus sueños sin par.

Ese lugar ficticio
protegido del tiempo,
donde todo es sereno,
paz y tranquilidad.

Ese espacio sin sombras,
sin barreras ni trampas
que resguarda tu infancia,
tus historias de sal.

Es un valle infinito
de arcoíris y cielos
en que vuelan gaviotas
en total libertad.

Es un mar impetuoso
de paisajes eternos
con ballenas azules
que comparten tu afán.

La cueva...
Tu rincón más sagrado,
donde se han olvidado
el rencor y el dolor.

La cueva...
Tus caricias eternas.
El abrigo del frío
que congela tu ideal.

Donde viven ficticios
tus anhelos divinos
y respiras tranquilo
mientras vives en paz.

Donde todo es cariño,
donde no hay más conflicto
y que cuando estas dentro...
nunca... la quisieras dejar.

———

"Omega"

Omega es el principio,
el alma es algo inmortal
y en la búsqueda del todo
el principio es unidad.

La luz es el infinito,
recinto de la verdad
que mueve todas las almas
hacia su inicio y final.

Omega es la constante,
el punto para iniciar
el camino que conduce
a encontrar tu realidad.

Es molécula divina
que irradia en la obscuridad.
Tu ser migrante y pensante
que subsiste al culminar.

Omega es el principio,
la hecatombe principal
para despertar conciencia
de lo que has de proclamar.

La chispa es parte infinita,
la esencia misma, la sal
que absorberá cada huella
que haya dejado tu afán.

Y al iniciarse la ruta,
hacia el ciclo sideral,
Omega solo es principio...
lo que sigue es tu verdad.

"En un mundo de odio"

En un mundo de odio
donde todo es profano;
Donde lo que era blanco
hoy es parte del negro.

Donde nada es perfecto,
donde todo es tan malo
que no queda un resquicio
para ahogar el asfixio.

En un mundo de odio
donde todo es abstracto;
Donde crece el asfalto
en jardines de barro,

queda un frágil espacio
amparado en el todo
que resguarda armonía,
el amor, la esperanza.

En un mundo de odio
de todos contra todos,
el absurdo domina
la inquietud cotidiana.

Donde no hay opiniones,
la constante es la contra
y se crean enemigos
en los mismos amigos.

Quedará un artilugio
resguardado en el tiempo
conservando la esencia
de tu infancia perfecta.

Alejado de todo,
esperando tranquilo
el momento perfecto,
el instante preciso

de acabar el encono
que nos funde los ojos,
dando paso a otro sino
tan distinto a este sitio.

Este mundo de odio
donde solo hay cobijo
cuando miro hacia el cielo...
y es eterno tu abrigo.

———

“El *ahora*”

El insignificante “ahora”,
el momento preciso,
el instante que nace
de cada acción sin sentido.

El “insignificante” ahora,
el que teje los hilos,
cada acción circundante
que va creando tu camino.

Entrelazando recuerdos,
anécdotas y designios
que forman parte del todo,
siendo el inicio y final.

El intrascendente “ahora”,
el que recrea tus latidos
resguardándolos del frío
que surge en cada suspiro.

El “intrascendente” ahora,
el que nace en los caprichos
de tus anhelos perdidos,
de tus olvidos finitos.

Tejiendo pactos sencillos
que vas sembrando tranquilo
con la semilla del tiempo
y el sentir de tu destino.

El “indescriptible ahora”
el que va recreando historias
cada segundo vivido...
tu huella fértil... tu sino.

“Torre de Babel”

Quisimos llegar al cielo para encontrar nuestro ideal;
construimos fortalezas que rozaban lo inmortal.
Nos ocupamos en labrar barreras sin descansar
entre cien mil laberintos que no supimos cruzar.

Nos empeñamos en crear nuestra única verdad
basados en letras falsas que inundaron nuestro andar.
Desacreditando todo, sin indagar algo más,
sin buscar en lo más hondo... mirando sin observar.

Torre de Babel
que hoy parece despeñar.
Como en un tiempo lejano,
por soberbia, colapsar.

Torre de Babel
mil lenguas sin eco harán
que quebrante el universo
para volver a empezar.

Quisimos tocar las nubes ya que creíamos volar;
resaltamos nuestros triunfos en tierras aún sin arar.
Empeñados en triunfar sin mirar a los demás,
dimos forma a los ladrillos sin cimiente ni humildad.

Ensalzamos nuestros logros sin preguntar algo más
para tener seguidores sin saber lo que querrán.
Vivimos de hipocresía, sin hablar en realidad
compartiendo sin sentido... por tener un simple “like”.

Torre de Babel
que desbordó tanto afán
por hacernos inmortales
sin importar cuestionar.

Torre de Babel
que en un tornado se irá
dejando espacios abiertos
donde volver a empezar.

Quisimos llegar al cielo y allí crecer sin parar
sin preguntarnos primero lo que queríamos hallar.
Quisimos tocar las nubes sin reparar más allá
de lo que nos es tangible, sin intentar algo más.

Torre de Babel
el holocausto será
sin entender casi nada,
en este tiempo... que pareciera el final.

———

“En pausa”

En pausa...
en estado de gracia,
viviendo una larga espera
continua, casi sin esperanza

por hallar una salida,
y ver de nuevo la calma
en esta vida hoy extraña
que no se mueve... tan vana.

En pausa...
recorriendo la casa
en busca de nuevas causas
para no morir de nada.

Y voy cargando en la espalda
cada mañana qué salta
entrelazando siluetas
que toman forma en la escarcha.

En pausa...
desafiando quimeras
de los recuerdos despiertos
por esta vida encerrada

que abre puertas olvidadas
en lo profundo del tiempo
y que tal vez dejen llagas
en lo profundo del alma.

En pausa...
simulando ver el alba
cada segundo que pasa...
y que no pasa...
hasta que acabe esta pausa.

———

"Alas para volar"

Alas para volar,
pies para caminar
senderos de aprendizaje
y una ruta que encontrar.

Voz para conversar,
mente para analizar
el flujo de un universo
que hoy parece claudicar.

Y mientras que todo pasa...
y en tanto el tiempo sea nada...
que el recelo nos descubra
contemplando infinidad.

Frases para predicar,
canciones para mostrar
cada historia recorrida
de este sueño espiritual.

Quimeras que sean verdad,
dilemas que confrontar
en este efímero paso
que pronto se ha de mutar.

En tanto el mundo endereza...
el destino hace camino...
baste esta prueba continua
para el balance alcanzar

con alas para volar...
con voz para conversar...
de frases y de quimeras
que den luz a la verdad.

“Fantasmas”

Fantasmas deambulando sin sentido
entre las calles de una ciudad perdida
que esconde miles de historias cotidianas
entre bultos y escombros de la esquina.

Caminan sin mirar hacia un costado,
pretenciosos, abyectos, inhumanos
observando miseria a cada paso,
desdeñosos de dar algún resguardo.

Fantasmas que surgen aún de día
sin mirar, como lastres de otra vida
que solo siguen sus normas sin sentido
esperando lo que no llegará.

Caminan ausentes, temerosos
de encontrarse respuestas al pasar
por ese núcleo vacío en que conviven
enclaustrados sin rejas por trepar.

Fantasmas sin relatos pasados o futuros
en un vasto presente en mezquindad,
donde el aire es tan frío y tan ardiente
que no saben por dónde continuar.

Caminan bajo control remoto
repitiendo patrones sin saber
la verdad o el por qué de aquel camino
que recorren sin luz, sin unidad.

Fantasmas de estos tiempos ausentes
donde el hoy y el mañana no hallarán
la escalera divina que conduce a la vida,
ese sitio en que todo es libertad.

"La vida te dará"

La vida te dará
los sueños que le pidas
y te acompañará
girando en armonía.

Mientras el tiempo pase
y vayas adelante,
sonrisas y tristezas
serán tu acompañante.

La vida te dará
hallazgos a montones,
historias que te harán
la vida más acorde

a un sube y baja dúctil
de calma y osadía
con cual tu historia va
recorriendo las vías.

La vida te dará
la pieza que le elijas
y te acompañará
por la ruta que sigas,

llenando tu mirar
de instantes, de destellos
que un día recordarás
cual luz en tu agonía.

La vida te dará
lo que pidas a cambio.
No menos... nada más
de lo que sueñes dentro.

La vida te dará
y tal vez solo exija
ser fiel a tu verdad
en cada discordancia

y toda tu firmeza en la huella que sigas...
la vida te dará.

———

“En mi ruta hacia el cosmos”

En mi ruta hacia el cosmos
ante el paso de seres siderales
que distribuyen la luz en los caminos,
mimetizando las formas y el color.

Entrelazando galaxias
que sintetizan el todo:
materia y anti-materia
dando forma al universo.

En mi ruta hacia el cosmos,
entre cada proceso espiritual
se intercalan vivencias y memorias
que son esencia, principio y unidad

del paso por cada vida,
del aprendiz al Chamán,
generando cada ciclo
del proceso sin igual.

En mi ruta hacia el cosmos,
desaciertos y aciertos sin azar
se entretejen los pasos acordados
en respuesta a preguntas sin formar.

Encaminando las almas
por cada núcleo vital,
purificando la esencia
para el alma fusionar.

En mi ruta hacia el cosmos,
en camino a la chispa inmaterial
surgen voces, frecuencias olvidadas
de lejanos ancestros... más allá

de fusiones elípticas
de creaciones sin forma
donde habita la esencia...
que da vida a la luz universal.

“Doscientos cuarenta días”

Doscientos cuarenta días
de deambular por la vida
caminando sin sentido
en total ingravidez.

Trazando historias perdidas
en recovecos de vida;
Armando rompecabezas
que no tienen solución.

Doscientos cuarenta días
que han perdido su camino
enarbolando recuerdos
entre paja y algodón.

Viendo pasar los minutos,
las horas que hacen semanas
en un círculo continuo
de perenne explicación.

Y así escribiendo esta historia
sin prólogo ni razón
voy recorriendo este ciclo,
cada declive de sol.

Doscientos cuarenta días
en un tic tac cotidiano
que carece de estructura
o algo de satisfacción.

Sacando jugo a las rocas
que rodean mi intención,
mientras recojo las hojas
de un otoño de opresión.

Y así inventando recuerdos
en jardines de dolor.
Doscientos cuarenta días...
vegetando en un rincón.

———

“Cuando salga a la calle”

Cuando salga a la calle
observaré cada acera,
cada individuo que pase,
los quebrantos del andén.

Me detendré en cada espacio
para palpar cada pliego
que se desprende del cielo
inundando mis deseos.

Cuando recorra el mundo
inventaré otra mirada
para mirar a detalle,
microscópicas fachadas.

Me pararé lentamente
para observar el paisaje
que se muestre ante mis pasos
con su ritmo inquebrantable.

Cuando libere este espacio
caminaré libremente
sin preocuparme de todo
lo más inútil, banal.

Agradeciendo el camino
que recorre mi destino
en este mundo cambiante
y tan lleno de contrastes.

Cuando salga a la calle
agradeceré por todo;
Olvidaré las envidias,
el rencor y la ignominia.

Sembrando nuevas semillas
en cada campo que cruce
el devenir cotidiano...
de mi nueva realidad.

———

"Cuando un alma se va"

Cuando un alma se va
y emprende el camino al cielo
solo va dejando atrás
sus vivencias y experiencias.

Cierra detrás cada puerta
que guarda dentro su herencia
para así ser recordada
cada que tenga lugar.

Cuando un alma se va
pasa a ser parte del cosmos
entrelazando su esencia
con la que se anticipó

para preparar la senda
y proteger la existencia
de los que siguen presentes
en el mundo terrenal.

Cuando un alma se va
deja nostalgia y tristeza
en tanto no comprendemos
su camino celestial.

Se hace uno en la entidad
que da luz a cada fuerza
que converge en infinito
con la chispa universal.

Cuando un alma se va
deja aflicción con su ausencia;
la vida se hace distinta
para poder continuar

hasta que llega el momento
de terminar este andar
y fusionamos nuestra alma
con la que se ha ido ya.

———

“Superviviente”

Transitas por la vida
en búsqueda febril
de entrelazar historias
que resalten tu sentir.

Juntando lazos,
colgando cables
en transiciones fijas
de parajes por vivir.

Cabalgas por los valles
plantando libertad
en robles y abedules
que cruzas al pasar.

Guardando en ámbar,
secuencias vagas
de los pasos olvidados
en tu camino de azar.

Como un superviviente
vas forjando tu perfil
con cada historia a cuestas
que lograste concretar.

Como un superviviente
tan solo has de buscar
el encontrar la ruta
que precisas continuar.

Recorres escenarios
en vuelo horizontal
recreando caracolas
al planear en vertical.

Pintando nubes
en cielos rasos
que solo son la esencia,
tu presencia existencial.

Como un superviviente,
has logrado asimilar
que nada pasa en vano
en tu ruta sin igual.

Como un superviviente,
vas cruzando hacia el umbral;
La luz en tu universo...
tu destino... tu portal.

———

"Los invulnerables"

Los invulnerables..
los que no sufren,
los que viven un sentir
superfluo y artificial.

Los invulnerables...
los que caminan sin caso.
Los que niegan su existencia
sin detenerse a indagar.

Los que salen a la calle
sin escudos ni barreras,
sin pensar que un "algo" extraño
hoy nos quiere destrozar.

Que caminan sin abrigo,
siempre retando al destino
dando vuelta al hecho, fatuos,
sin sentarse a investigar.

Los invulnerables...
que carecen de empatía
y que miran por el hombro
al que llega a sucumbir.

Los invulnerables...
los que no siguen caminos
y que van despreocupados
propalando está oquedad.

Los que no les pasa nada,
los del "engaño civil".
Los que ocultan su ignorancia
en "valentía" fútil...

Hasta que ven en su tumba
a un amigo, al compañero
y entonces, tan solo entonces...
creen en el virus al fin.

SONIDOS DE ESPACIOS LEJANOS

“A los cincuenta y seis”

A los cincuenta y seis
la vida es un recuerdo
y sueños sin cumplir
que no regresarán.

Memorias de un ayer
que viaja en el andén
que un día vio partir
mi infancia, mi niñez.

A los cincuenta y seis
la vida es como un hilo,
vivencia secuencial
que da forma al camino

de luchas y placeres
que dieron luz al mito
de aquel que ahora soy
recreando su destino.

A los cincuenta y seis
el más es lo de menos.
La lucha ya es brindar
consejos clandestinos

que te hagan respirar
el aire contenido
en cada suspirar
que trajo amor consigo.

A los cincuenta y seis
parece ser tardío
el diario cuestionar
que surge del olvido

mientras encuentras paz
a errores concebidos
que guiaron tu penar
a lo que hoy va contigo.

A los cincuenta y seis
ya casi ha terminado
el diario devenir
por este mundo frío

más en tu predicar
aún queda algo de tiempo
para sentir, vibrar,
cada segundo... vivo.

———

"Somos..."

Somos momentáneos, finitos
ocupamos un espacio
un breve lapso de tiempo,
un simple sitio y lugar.

Somos espontáneos, errantes
vivimos agazapados
esperando a dar el paso
hacia la inmortalidad.

Y mientras tanto soñamos,
damos vida a lo impensado
y realizamos milagros
entre el inicio y final

de este camino intermedio
entre lo incierto y lo real
que nos enseña la ruta
para encontrar la verdad.

Somos incomprensibles, volubles,
vamos viviendo al azar,
Trastocando los matices,
lo sublime al arrabal.

Somos impredecibles, dúctiles
aprendemos sin descanso
mientras trazamos la ruta
a la conciencia inmortal.

Y mientras tanto volamos
en sueños no revelados
creando historias sin descanso
sobre el destino ideal

en espera del momento
en que este plano dejar
fusionando Alma-Universo
y el infinito alcanzar.

“A veces se me olvida”

A veces se me olvida
qué existe otro mundo afuera
donde las plantas florecen
y hay árboles que se yerguen.

Que el mundo sigue su curso
sin detenerse un segundo;
Que va limpiando el residuo
de lo que hemos destruido.

A veces se me olvida
que el sol sale cada día;
Que las olas aún se agitan
con la luna que respira.

Que hay caminos olvidados
que hoy parecen confrontarnos.
Que alimentamos con odio
lo que requiere de amor.

A veces se me olvida
que lo oscuro también brilla
cuando observas con prestancia
el sentir y no la causa.

Que el devenir de estos días
que se consume en desdicha
es para crear nuevas rutas
donde transitar mejor.

A veces se me olvida...

“Donde jugaba de niño”

Donde jugaba de niño,
donde los sueños crecían
colgados de un papalote
que se agitaba al volar.

Donde nacían fantasías,
historias bien concebidas
que aligeraban los pasos
de un soñador de cristal.

Aquel espacio finito
dando vida al infinito
de seres casi inmortales
creciendo con mi niñez.

Creando camino al presente
a partir de esas vivencias
que dieron forma a la vida
que hoy transita en mi interior.

Donde jugaba de niño
cuando dibujaba el tiempo
atravesando los cielos
en búsqueda de un afán

Patio de ideales dormidos
y de anhelos concebidos,
fusionando los caminos
entre el alma y corazón.

Donde jugaba de niño,
donde forjé este rincón;
Las piezas de este escenario...
el presente que ahora soy.

“Qué bonita es la vida”

Qué bonita es la vida
cuando premia con flores
el camino sinuoso
que debieras andar.

Qué bonita es la vida
que reparte sus bienes
entre partes iguales
al que quiera mirar.

Qué bonita es la vida
que te alegra los días
con paisajes etéreos
que no puedes comprar.

Qué bonita es la vida
que te muestra gratuita
la belleza de un todo
sin tener que viajar.

Y se llena de instantes,
remembranzas y sueños
que al mirar al pasado
vuelves a disfrutar.

Qué bonita es la vida
que reparte y comparte
arcoíris e historias
que solo hay que observar.

Qué bonita es la vida
que se vive constante
en un mundo perfecto
en que solo hay que hallar

la belleza constante
que desprende del arte
de una luna infinita,
un lucero al pasar.

Qué bonita es la vida
que respiro a respiro
va forjando momentos
que te harán suspirar.

Qué bonita es la vida...
cada paso que das.
Qué bonita es la vida...
y tan simple de amar.

———

“Respiro...”

Sentado... viendo pasar los días
segundo a segundo, minuto a minuto
y presiento que no todo es en vano,
qué hay luces al final de este camino.

Respiro... algo más que algún suspiro
sintiendo el aire fresco recorriendo
cada espacio de vida que transita
dentro de mi... y vuelvo a respirar.

Recorro los espacios infinitos,
vuelo entre cirros y celajes
que van calando el sentir de mis latidos,
mi único espacio en este mundo terrenal.

Navego por mares clandestinos
que habitan mi interior, mi ser divino
palpitando entre anémonas benditas
con todo el esplendor de cada ser.

Sentado... observo la osadía
de intentar converger en cada espacio
y hacer balance, equilibrio en positivo
de cada ser que se cruza con mi piel.

Respiro... los recuerdos quedan fijos
en un oleaje de sueños y vivencias
que parecen partir de mil senderos
para formar este núcleo en unidad.

Y vuelvo a recorrer esos espacios
congratulado de hallar el infinito
en cada célula aislada del destino...
y vuelvo a respirar una vez más.

“Vive más el que sueña”

Vive más el que sueña,
el que cruza los caminos
donde nacen las historias
que no son aún de verdad.

Donde crecen las raíces
de cábalas y matices
que van recreando quimeras
hasta hacerlas realidad.

Vive más el que sueña
con encontrar las respuestas
entre el tálamo y arterias
que surten al corazón

de experiencias y de anhelos
que siempre se hallan inmersos
en los rincones secretos
que habitan en tu interior.

Vive más el que sueña,
el que no deja vacantes
los sentimientos contantes
que niegan a la razón.

Construyendo laberintos
de soledades y encierros
del que nacen estos textos...
que comparto sin razón.

———

“Empezaré”

Empezaré este día sacando las maletas
para guardar recuerdos que estaban tan presentes
pero que no otorgaban razones a la vida
para seguir anclado a yerros y agonías.

Empezaré de nuevo sin culpas relativas,
ni estrofas retenidas en lágrimas perdidas.
Caminaré de vuelta pisando nuevos prados,
reinstalaré mi historia sin lazos tan forzados.

Y lloraré… reiré…
y extrañaré, tal vez,
mis cargas emotivas.

Me sentaré de nuevo
en la banca del parque
para ubicar mis sueños
en crudas realidades.

Empezaré esta vez por limpiar los recodos
para tener conciencia de que no hay viejas piezas
de aquel rompecabezas que no se armó del todo,
del que será mejor olvidar ya su entorno.

Y gritaré… rezaré…
y dudaré, también,
si es que hice lo correcto

cerrando el libro abierto
que en los últimos años
tan solo reciclaba
historias terminadas.

Me abrazaré… conciliaré…
y ubicaré, esta vez,

mis culpas en el fondo

para volar de nuevo
sin lastres que de un modo
se hallaban triturando
mi voz… mi alma… todo.

———

“Cuando la vida...”

Cuando la vida se funde
en cuatro paredes blancas
que esconden todos tus sueños,
tus fobias y tus manías.

Recopilando misterios,
estructurando futuros
que se encuentran recluidos
en un templo de cristal.

Cuando la vida se expande
a través de los colores
con qué decoras las hojas
que contienen tu verdad.

Verdad que tan solo es agua
turbulenta y majestuosa,
tomando ruta continua
hacia mares donde anclar.

Cuando la vida es contraste
de un universo en constante
devenir de aconteceres
que forman parte del todo.

De la molécula prima,
de la que desciende el alma
que se instaló en este cuerpo
dando luz a esta unidad

participe del espacio
donde se encuentra el remanso
en que trasciende tu historia...
cuando la vida se da.

“Mariposa a contraluz”

Entre montes y valles escondidos
entre tierras remotas, al azar,
nació un capullo colgado de un olivo
para empezar a explorar su devenir.

Creció frágil, sonriente e inocente
en un mundo de luces de cristal,
reflejada en espejos centelleantes
que ocultaban su sombra en un desliz.

Mariposa a contraluz
con su brillo deslumbrante
que esconde su decisión
entre algodones y pajes.

Crisálida de un jardín
que encapsulo sus ideales
en tejido de oropel
que oculta su alma infantil.

Recorrió mil paisajes, mil ropajes
ocultando en disfraces su perfil
y al arribar cada noche a su morada
en sus ojos, un sueño ha de seguir:

El hallar una tarde su morada
en la cual vuele firme, en libertad
y sus pasos de ayer sean “todo y nada”
al mirar satisfecha su existir.

Mariposa a contraluz
entre algodones y pajes.
Crisálida de un jardín
que oculta su alma infantil.

Misteriosa y un tanto pretenciosa
fue cambiando su piel sin desistir
en hallar la razón en su camino,
tierra firme en la cual... vivir feliz.

"La luz que nunca se apaga"

La luz que nunca se apaga,
la que ilumina tu sino;
la que encamina tu historia
mientras cruzas este umbral.

Es el motor y el alcance
en cada esbozo bordado,
describiendo así tu estancia
por este tramo fugaz.

Es la chispa que te indica
la ruta que has elegido
experimentar en vida
antes del paso final.

La luz que nunca se apaga
es de ascendencia divina
y permanece latente
mientras brilla en tu interior.

Es recipiente y esencia
de cada idea infinita
que entrelaza tus memorias,
lo que es, fue y no será.

Es intangible, invisible
mas va grabando su huella
en el halo involuntario
que vas trazando al andar.

La luz que nunca se apaga
se alejará una mañana
entre sueños y quimeras
que lograste realizar.

Te dormirá suavemente,
separando la unidad,
retomando así el camino
hacia tu destino ideal.

“Extraño aquellos días”

Extraño aquellos días
en que el mundo era distinto.
La vida era un devenir
de sueños y fantasías.

Los castillos de cartón,
las princesas mis amigas
y las tardes con la luna
testigo de nuestras citas.

Extraño aquellos días
en que un balón era el mundo.
Los fantasmas no cabían
en ese espacio tan puro.

Ahora todo es distinto,
la vida es un acertijo
en el que ya no hay cabida
para que todo coincida.

Extraño aquellos días
de aventuras infinitas
en los que aquellos amigos
eran pulgar, no espejismos.

Ahora todo es extraño,
mi corazón es de palo,
pareciera que esos sueños
se han quedado en el tintero.

Ahora todo es profano
no hay curiosidad ni asombro.
El mundo se ha hecho pequeño
entre miedos y complejos.

Extraño aquellos días
en que a todo sonreía.
La vida me era sencilla
mientras todo coincidía.

Y ahora extraño esos días
en que soñaba despierto
con que llegara el futuro…
sin saber lo que vendría.

———

"Tsunami"

Llegas... casi sin avisar
reclamando tu entorno,
tu espacio... tu lugar

Llegas... arrasando con todo
sin aviso desbordas
sentimiento al azar.

Tsunami de emociones,
de sentimientos precisos
que envuelves entre palabras
lo que tratas de ocultar.

Tsunami de sensaciones
que despierta los sentidos
y cuando pierde su forma,
no sabes si fue verdad.

Llegas... cobijada en la calma
que precede a tormentas
de frío... de obscuridad.

Tsunami de soledades
que antecede al ruido eterno
que dejas a cada instante
en que vienes y te vas.

Llegas... dejando fresca la huella,
todo revuelto a tu paso,
de repente... sin pensar.

Te vas... mostrando tu poderío
y solo dejas vacío...
¿hasta cuándo volverás?

“Aquella ave”

Hoy observaba aquella ave
que en la verja de la esquina
preparaba su partida.

Que entretejía su historia
en aras de otra aventura
por realizar cada día.

Hoy observaba aquella ave
que se lamía las heridas,
que se protegía del clima.

Que preparaba su lucha
sin saber qué enfrentaría,
temerosa… y a la vez tan decidida.

Tenía muy clara la ruta,
sabía bien lo qué quería
y aunque el temor le seguía,
mucha fe le mantenía

en búsqueda del camino
que la llevara a un destino
con el que había soñado
cada noche… cada día.

Hoy observaba aquella ave
sabiendo no volvería
a mirarla en esa esquina.

Partiría sin sobresaltos,
sin nostalgia del pasado,
con el cielo de resguardo.

Y voló hacia el horizonte
con sus alas de soporte
y una esperanza cautiva
que la mantenía en la vía

para realizar un sueño
que predijo su destino
y a la par de otro camino
descubrir… su vida misma.

———

“¿Qué les hizo la vida?”

¿Qué les hizo la vida?
Qué las hizo olvidarse de sonrisas
y mató tantos sueños, fantasía,
que pintaba inocencia a su niñez.

¿Qué fue lo qué pasó mientras crecían?
Lo que creo todo ese odio y el rencor
para olvidarse de vivir cada día
cobijando en su infancia algo de amor.

Y al llegar madurez, pasado el tiempo,
alimentadas de ciclos de temor.
Qué las hizo enfrentarse así al destino
destruyendo ilusiones sin razón.

¿Qué les hizo la vida?
Cuánto puede albergar su corazón
para enfrentarse al azar sin la esperanza
de pintar acuarelas sin dolor.

¿Cuál fue aquel detonante en su vigilia
que impulsó su camino de agresión?
Qué les hizo olvidar su paz interna
desatando esta ira, destrucción.

Fue al mirar de reojo los recuerdos,
y no ver alegrías o ilusión
que enfrentaron su historia, roca en mano
al no hallar un futuro... otra ruta al sol.

“Azares del destino”

Y estando aquí…
tan lejos de lo mío.
Distante de prejuicios,
de anhelos reprimidos.

Y estando aquí…
olvidados del tiempo,
cobijo de las olas…
y su imponente ritmo.

Azares del destino,
mirar hacia otro lado
sabiendo que la noche
te cubre con su manto.

Azares del destino,
deseando estar soñando
y verte aquí danzando,
compartiendo el espacio.

Y estando aquí…
la crisis se ha ocultado,
secuelas del conflicto
se han ido hacia otros sitios.

Y estando aquí…
no hay forma indefinida.
Estelas de un cometa
que cruza tu camino.

Azares del destino,
tú aquí y yo soñando
que de este inmenso mar
hagamos un remanso.

Azares del destino,
la vida es un decanto,
aunque nos sobren alas,
el cielo aún es vasto.

Y estando aquí...
tú allá, tal vez pensando...
o simplemente haciendo,
lo que haces cada rato.

Viviendo sin sentirlo,
recorriendo tu espacio,
soñando atardecer, en tanto yo...
amanezco en tus brazos.

“Pandemia”

Las diez de la mañana me preparo un café,
a las once desayuno: huevo, pan y algo de miel.
Las doce, saco el cuaderno con pendientes que acabar
sin entender que mañana no habrá nada más que hacer.

Las trece siempre es la hora de ejercicios sin querer;
las catorce, la comida y un descanso por tener.
Las quince, casi no encuentro como el tiempo he de ocupar
en este ya cotidiano, cuento de nunca acabar.

Pandemia que se acomoda en el nuevo despertar
sin saber por cuánto tiempo nos habrá de confrontar.
Pandemia que se eslabona, que lacera tu unidad;
sentido sin un sentido en cada día por pasar.

Las cinco de la tarde ya no sabes que limpiar;
Las seis con un nuevo libro que ya quieres terminar.
Pasar, pasar de las horas sin motivo ni final
en esta absurda ironía que nos toca transitar.

Las ocho, en las noticias todo es malo y más crueldad,
nos cuentan de mil tragedias que no puedes ocultar.
Las diez, de vuelta a la cama y antes de soñar en paz
rezar por toda esa gente que hoy tuvo punto y final.

Pandemia que te rebasa y pretende sofocar
el juicio que aún queda sano y se aferra a su lugar.
Pasar, pasar de los días sin saber lo que vendrá
en esta extraña existencia... que lucha por continuar.

“La sonrisa que dejaste atrás”

La sonrisa que dejaste atrás
en un refugio sincero,
en matorrales entrelazados
con las caricias de tu niñez.

Aquella, que llevabas anclada
en un barco pirata
recorriendo los mares
en la búsqueda sin final

de encontrar la ballena,
la sirena que encanta;
El tesoro inaudito
y tú inmortalidad.

Que buscaba entre nubes
el camino escondido
a esa isla perdida
que resguarda tu paz.

La sonrisa que dejaste atrás,
esa mueca sencilla
que brillaba en el rostro
ante tu realidad.

Aquella, la del niño inocente
que volaba en su cuarto
a confines eternos
de galaxias sin par.

Persiguiendo su sombra,
transformando cristal
en diamantes de historias
que hoy cuesta recordar.

La sonrisa que dejaste atrás,
la que no volverá;
Que expiró en este tiempo
de dudar por dudar.

Aquella, que escondió tu inocencia,
tu niñez y tu afán
entre sueños eternos...
que no sé en dónde están.

———

“Y voló...”

Y voló... posó sus alas por un instante
en el tejido de suaves tulipanes
para partir presurosa a cielo abierto
y observar con cuidado aquel contraste.

Y voló... y miro empequeñecerse aquel espacio,
el vasto pasto dejó de ser tan majestuoso
para hacerse un cuadrado limitado
por adornos de arcilla sin forjar.

Observó a un colibrí revoloteando
entre nardos y claveles reposados
en el exuberante jardín que hacía frontera
con terrenos de arena, grava y cal.

Descubrió que había seres por debajo
manteniendo sus pies encadenados
a esa tierra simple y limitada
enfrentados por todo, sin mirar

ese cielo raso interminable
en el cual, majestuosa, ella volaba
observando curiosa e intrigada
aquel caos que agitaba ese lugar.

Y voló... entre campos de rosas impregnados
del aroma que nutre aquellas flores,
mezcla de libertad, de viento y agua
liberando raíces de humildad.

Retorno hacia el terreno erosionado
que esos seres de sal hoy habitaban
y miro con tristeza su delirio,
atrapados en un mundo sin razón.

Y voló... la alegría desbordaba de sus trinos
al dejar esas tierras desoladas
remontando esos cielos tan divinos
prometiendo jamás mirar atrás.

———

“La persona que un día fui”

La persona que un día fui
con metas y desvaríos
que colgaban del ropero
desde mi añeja niñez.

El niño que algún día fui,
el que soñaba despierto
con senderos de adoquines
que iban guiando mi sentir

hacia el presente y futuro
que se formaba del paso
de cada historia recreada
a partir de mi existir.

El joven que algún día fui
con metas y desvaríos
que recreaba fantasías
entre hipérboles y rimas.

Que pintaba caracolas
en cuadernos de utopía
sin pensar en la osadía
que confrontaba su afán.

El adulto que un día fui,
el que soñaba despierto
que veía nacer el día
recordando sin malicia

las historias compartidas,
las esperanzas perdidas
que el devenir de los años
arrinconó en un cajón.

Y así... el niño, joven y adulto
fusionándose hoy en vida
describiendo en estas líneas...
la persona que un día fui.

———

NOSTALGIA DE OLAS DORMIDAS

"A tan solo unos años"

A tan solo unos días
de conocerte por dentro;
de indagar en tus ojos,
de mirar en tu alma.

A tan solo unos días
de contagiarme de vida;
de combatir la nostalgia
con tu sonrisa grabada.

A tan solo unos meses
de navegar sin pasado;
de recorrer mil océanos
enajenado en tus labios.

A tan solo unos meses
de despertar sin letargo;
de solazarme despierto
con tu reflejo en mi pecho.

A tan solo unos años
de imaginar todo esto;
de mantenerme en tu espera,
aferrado a mis anhelos.

A tan solo unos años
de continuar esperando,
viendo pasar historias
sin detenerme a su paso.

A tan solo un instante
de terminar mi camino
en esta espera continua,
en esta marcha sin prisa.

A tan solo un instante
de que no quede más tiempo
para observar tu mirada
perforando mis entrañas.

Y fue tan solo una vida
que tal vez no se repita;
sabiendo que no hubo nada,
en esta vida… en esta instancia… que ya se acaba.

———

"Más allá de este cielo"

Cuando nos elevamos hacia el cielo
dejamos nuestra esencia en cada cuerpo
que se queda aún con vida en este patio,
llenándolos de amor hasta el reencuentro.

Cuando dejamos este mundo en armonía
trascendemos a espacios siderales,
fusionando la luz de tantas vidas
en el núcleo de un todo enaltecido.

Y los que quedan atrás cumpliendo encargos
sufren, viven y lloran tu partida
aferrando el recuerdo, en dulce abrazo,
que les permite salir de su letargo.

Y sonríen al ver a cualquier sitio
imaginando tu imagen endiosada
con la simple sonrisa cual viviste...
con la enorme alegría que les diste.

Más allá de este cielo...
Más allá de este espacio...
Formando parte esencial del infinito...
Te encuentras tú... y así sonrío contigo.

Cuando nos separamos de este plano
observamos el mundo tan distinto,
trazamos caracolas con los dedos
en un cielo estrellado extraordinario.

Y los que quedan te ven ya solo en alma,
recordando tu ser, tu vida en calma.
Sabiendo qué hay más de ti, en este mundo,
encantados de hallarse en tu legado.

Más allá de este cielo...
Más allá de este espacio...
Entre nubes y lapsos infinitos...
Te encuentras ya... viviendo aún conmigo.

"Crecimos"

Crecimos... salimos de aquel parque
en donde se labraban los sueños de un infante
que volaba cometas de cara al horizonte
en cada tarde, acorde a su semblante.

Crecimos... se nos perdió aquel río
en donde compartimos historias y acertijos
de torres con gigantes cuidando a la princesa
que al proteger del ogro, nos regalo un tesoro.

Nos olvidamos pronto de aquel viejo camino,
ocultos tras la barba del hombre que empezaba.
Ocultamos los sueños en un cofre pequeño
por miedo a delatar al niño que rezaba.

Viajamos por un mundo ajeno a nuestro entorno
dejando cicatrices por cada sueño roto.
Cubrimos con las canas, historias olvidadas
y al vernos al espejo... vacío en nuestros ojos.

Crecimos... cambiamos nuestra infancia
por un mundo "perfecto" de grises rascacielos
que ocultaban el cielo, que no tenían permiso
para volar cometas en medio de espejismos.

Vagamos por un mundo creyendo que era otro,
recitando poemas sin comprender del todo
hasta que en una tarde, dejamos este espacio
y nos fuimos despacio, deseando hallar un modo

pero olvidamos pronto, nos consumió el decoro;
aquella valentía se transformo en sollozo.
Guardamos la esperanza en gavetas de escarcha,
nos propusimos ser... y no recuerdo cómo.

"El día que deje"

El día que deje de mirar
abriré grandes los ojos
para observar los detalles
que dan vida a cada espacio.

Levantaré alto la vista
y observaré las estrellas
con lágrimas en los ojos
hasta mirar la verdad.

El día que deje de andar
me buscaré entre los campos
hasta que no halle caminos
y me encuentre al infinito.

Guiaré mis pasos al valle
donde se hallan mis cimientos
y en comunión con el alma
volveré a andar otra vez.

El día que deje de amar
sembraré nuevas semillas
en el trajín del pasillo
que he construido al andar.

Llenaré de aire pulmones
y gritaré hasta el cansancio
por los recuerdos forjados,
hasta amar una vez más.

El día que deje de soñar
esconderé mis anhelos
en el límite del tiempo
que resguarda mis retazos.

Aliviaré mis fracasos
encarnando nuevos trapos,
reconciliando mis pasos
con el soñar por venir.

El día que deje...

"Entre los días y las noches"

Entre la noche y el día,
entre los días y las noches,
las horas pasan sin prisa,
sin esperar un final.

Entre la luz y la sombra,
el infierno y lo divino
parecen tomar partido
sin saber dónde llegar.

Y así pasamos las horas
sin entender en verdad
la razón de este camino,
de esta lucha sin final.

Entre la noche y el día,
entre los días y las noches,
un laberinto de penas
va escondiendo todo afán.

Entre lo áspero y lo liso,
entre bondad y maldad
existe un mar clandestino
al que no puedes llegar.

Y así va pasando el tiempo
sin darnos cuenta en verdad
que la vida se termina
y nunca empezaste a andar.

"Mientras pasa la vida"

Una pareja cruza por el parque,
se susurra al oído palabras llenas de amor
mientras realizan planes futuros
que abarcan dos... tres o cuatro de una vez.

Mientras él toma de su mano
y la conduce alegre por el jardín
un par de pájaros surcan el cielo
en un tiempo que no tiene otro fin.

Mientras pasa la vida
por un lado y por delante
va dejando su huella itinerante
en un flujo continuo del sentir.

Va llenando de aromas susurrantes
cada espacio divino por venir
en un constante rotar de los sentidos
mientras pasa la vida y su sentir.

Dos ancianos se escriben fantasías
en tanto la distancia los separa
anclados a la tierra que precede
su inmensa sensación de claudicar.

Se consumen en lágrimas diversas
océanos que separan su amistad
que ha fluido entre mares tormentosos
con la imagen de algún ángel de paz.

Mientras pasa la vida
circulando el engranaje
en el dédalo de calles subsecuentes
que gravitan en su peregrinar.

Estampando su huella a cada paso
para ser recordada al terminar
con la ruta acordada en un principio
mientras pasa la vida y su existir.

———

"Y... llegaron sus 15"

Ella llegó hace unos años con tanta alegría,
mil sueños que un día se habrían de cumplir.
Se acurrucó en una cuna, durmió sin penumbra
y pronto creció cobijada en amor.

Ella sonrío de principio pensando que un día
su risa de niña, sería de mujer.
Mientras en tanto la vida la fue resguardando,
cubriendo sus alas con fuego y cristal.

Y... llegaron sus 15, con todo el embrujo
de un día cualquiera que muestra otra faz.
Una sonrisa distinta y un sueño de vida
que ahora emergía para ser verdad.

Y... llegaron sus 15, un salto sin prisa
a un mundo distinto tan bello y tan real.
Cada mañana la misma, mas algo ha cambiado
su estilo de vida, su cuerpo y su andar.

Ella se sabe la misma, juega con muñecas,
recorre los bosques en pos de su afán.
Mira, sonríe y limita su propia inocencia
que aún guarda secretos que quiere ocultar.

Ella, aún se ruboriza si un niño se acerca,
la aborda y le dice: "lo linda que está".
Esconde su frágil presencia en nubes de paja
que guían su esperanza de hallar otra mar.

Y… llegaron sus 15, suspira y se mira
sembrando esperanzas de vida y de paz.
Todo parece distinto, mas nada es extraño,
camina sin prisa en su mundo ideal.

Y… llegaron sus 15, se mira al espejo,
por fuera ha cambiado, por dentro es igual.
Se apresta, da un paso hacia el frente,
sonríe decidida… hoy llega a sus 15… dispuesta a volar.

———

"Solo quisiera..."

Puedo contar mil historias,
palabras dulces nacidas del trigo.
Recuerdos gratos y unos no tanto,
memorias vanas de días lejanos.

Anécdotas contenidas
en el hipocampo que ordena mi espacio
en lazos fijados de tiempos surgidos
por sutil espera de luces ajenas.

Pero qué más quisiera
saber tus relatos;
Retazos dispersos
que forman tu lecho.

Pero qué más quisiera
indagar tus secretos,
el antes y ahora
que rige tu esencia.

Puedo contar mil historias
lenguaje fatuo surgido en el barro
modelando historias regadas con llanto
de luz y tristezas, de alegres presencias.

Parábolas comprimidas
en cien caracolas rondando mi mente
que dan vida y muerte a letras cautivas
en el interior de mi tálamo endeble.

Pero qué más quisiera
beber tus recuerdos,
silbar tus memorias,
vibrar tus anhelos.

Pero qué más quisiera
vivir tu experiencia
sentir cada soplo
que brilla en tus ojos.

Puedo contar mil historias
mas, solo quisiera...

"Se termino..."

Se terminó... la vida tomó su cauce;
tanta espera, la impaciencia
se fue quedando en el limbo
y no hay manera, de regresar el camino.

Terminó... con el invierno se fue;
Tomo rumbo a su destino,
aquel que estaba ya escrito
y que hoy al fin se mostró.

Dejó su huella imborrable,
una marca ya indeleble
que al mirar al horizonte,
su imagen... seguirá estando vigente.

Dejó memorias aún frescas
que no se irán fácilmente
con el correr de los años,
su espacio... seguirá siendo un vacío.

Se terminó... pasó a formar el ayer;
recuerdos quedan intactos,
con las fotos de remanso
y una lágrima a su paso.

Terminó... nada consuela un adiós;
ni el tiempo ni nuevos ratos
olvidarán esos años
que compartió de este lado.

Dejó pasajes inolvidables,
estelas en cada huella
de su caminar constante,
vibrante... de sus historias habidas.

Dejó memorias inenarrables,
dolores imperdonables
que hoy son tan sólo agonía,
delirio... de los que quedan con vida.

———

"Si pudiera... si supiera"

Si pudiera no estar
secuestrado en este cuerpo
y así volar por los cielos
sin cadenas ni ataduras.

Regocijarme en espacios
inexplorados y hostiles
en búsqueda del afán
que dé sentido a mi vida.

Si supiera cómo explorar
universos infinitos
y conocer el lugar
donde nació mi destino

y hacer de nuevo elección
de lo que será el camino
de la luz en mi interior
que ha de conducir mi andar.

Si pudiera desplazar
este cuerpo de estas rejas
que encadenan mi pensar
atando pies a la tierra.

Extrapolar mi sentir
de tantos aconteceres
en este mundo hoy añejo
que parece sucumbir.

Si supiera encontrar
el origen y el destino
de cada fibra en mi ser
que dio forma a mi existir.

Enarbolando recuerdos
en planos entrelazados,
sintetizando mi andar
para entender el final.

Si pudiera... si supiera.

"Mientras tanto"

Mientras el paso del tiempo
va rozando todo espacio,
nos encontramos atados
a un proceso cotidiano.

El universo se mueve
con elemental sentido
sin comprender que del "todo"
somos el polen de un lirio.

Y las estrellas se alinean
para dar paso a un camino
que no sabe de fracasos
ni de lamentos escasos.

Mientras tanto practicamos
un entender limitado,
acumulando temores,
permaneciendo cautivos.

Y el inconsciente penetra
paredes de un laberinto
reconociendo la esencia
sin ocultar lo vivido.

Mientras la noche se aclara
dando brillo a nuestra estancia
dibujando derroteros
para trascender sentidos.

Todo encuentra su motivo,
una razón, un "destino"
en este mundo que gira...
mientras escribo estas líneas.

"Estaciones"

Nos conocimos, una tarde en primavera;
el sol a plenitud, reflejó tu semblante
y fui entonces feliz, al constatar que era cierto
que los sueños se cumplen por un mínimo instante.

Caminamos entonces por un mundo complejo,
entre cantos y gozos compartimos entorno
y al caer de la tarde, con la luna testigo,
departimos alegres, las historias de todos.

El verano llegó y con él la resaca
empezó por abrir huecos en nuestro esbozo.
El calor agobiaba y no había esperanza
de encontrarme un oasis, a la luz de tus ojos.

Estaciones llegaron alejando uno al otro;
separados los sueños, sólo hallamos sollozos.
Estaciones se fueron y ¿qué fue de nosotros?
Lo que ayer era azul... no había sitio a un retorno.

Cuando vino el otoño embarcaste a otro puerto,
fantasías se tornaron en abismos sin fondo.
Reflectores eternos se apagaron de pronto
y las hojas cayeron sepultándolo todo.

El invierno llegó con su clima extremoso,
recorrí los caminos en tormentas de plomo
mas un día que creí que ya no había salida,
tu reflejo volvió, iluminando el día.

Estaciones pasaron y mi amor siguió intacto,
al mirarte de nuevo, nada en ti había cambiado.
Estaciones dejaron un futuro espontáneo...
lo que ayer era azul, hoy... es tu cielo en mi entorno.

"Cada segundo cuenta"

Cada segundo cuenta…
Cuando se trata de andar
y de compartir espacios,
cada momento te acerca
o te aleja sin pensar.

Cada detalle se queda
grabado en piedra caliza
que se va desmoronando
con el paso que se olvida.

Cada segundo cuenta…
Historias que van forjando
cada fragmento de vida,
cada instante compartido,
lo que dejaste detrás.

Retazos de años perdidos,
recovecos de un camino
que no ha encontrado la ruta
que nos lleve a un buen final.

Y sigue aquí…
lacerando los sentidos,
atado a tiempos perdidos
que no se quieren anclar.

Y sigue así…
extremando precauciones
cuando no quedan mañanas
o más tiempo a algún “quizás”.

Cada segundo cuenta…
Cuando es la parte de un todo
que se ha forjado en el lodo
de tormentas clandestinas
que parecen continuar

atrapadas en recuerdos,
tatuadas en cada hueso
que se van erosionando
con olvido y terquedad.

Y así… cada segundo cuenta…
Se va llenando de nada,
mientras escribo de "nada"
palabras sin un sentido…
que nunca se alejarán.

———

"Voy hacia atrás"

Voy hacia atrás, caminando de frente
recordando ese sueño que quedó en el camino
enredado en las ramas de un cardo sin espinas,
entre la telaraña de una araña dormida.

Voy hacia atrás, ya no miro hacia el fondo;
lo que suena a mañana, se asemeja al ayer.
Ya no encuentro caminos que no hubiera pisado,
todo es la remembranza de un ayer tapizado.

Y sigo sin mirar, sin voltear, sin tocar...
observando un farol que no atina a brillar.
Y sigo sin pensar, sin unir ni enlazar...
las historias revueltas que hoy parecen estar.

Voy hacia atrás y el albor no ilumina,
el camino esta vez me parece elusivo.
Lo que ayer fue perfecto, hoy parece incorrecto,
como parte de un juego que no tiene final.

Y sigo sin mirar, sin voltear, sin tocar...
observando el vacío que hay detrás de este andar.
Y sigo sin pensar, sin unir ni enlazar...
cada paso que doy en esta ruta al azar.

Voy hacia atrás y las nubes me acogen
ocultando la luz que tuviera de entonces,
dando paso al horror de fantasmas ajenos
que musitan de oído sus lastimeros gritos.

Y sigo sin mirar, recreándome en este afán
de encontrarle respuesta a cada estela fugaz.
Y sigo sin pensar, mientras camino hacia atrás
en búsqueda de un principio… en esta ruta final.

"Perdiéndolo todo"

Hay caminos que surgen allende la infancia
que crecen conforme recorres su instancia.
Que se bifurcan y vuelven a ser una escuadra,
repiten y vuelven a hacer crucigramas.

Hay cielos que nacen cubiertos de nubes,
forjando huracanes que liman su esencia.
Que esperan pacientes que calme su fuerza
para ver su luz... azul tan intensa.

Pero cuando pienso en tu risa serena,
me asusta el saber que ya no haya cuerda
para que el recuerdo no torne en nostalgia
y aún quede esperanza de hallarnos de vuelta.

Y es que si recorro el mundo tan solo
no habrá luz en todo, se pierde el asombro
de ver en tus ojos el canto que siempre
se hallaba cubierto de ti... mi tesoro.

Hay mares que cubren de sal la osadía,
sirenas y monstruos que abaten la vida
pero que en la calma, que se haya tan poco,
nos muestra belleza... tu azul en mi entorno.

Pero cuando lloro al saber de tu enojo,
me aterra entender que no hay nada adelante
y que hoy es pasado lo que era presente,
futuro que ahora se ha muerto en mis dedos.

Y es que si resigno el perderte de pronto,
de obscuros momentos se cubre el cerrojo
dejando tu imagen perdida en el fondo
de abismos eternos sin ti... tu contorno.

Hay historias que surgen sin entender cómo
que van resistiendo el tiempo y el ocio.

Pero hoy que las miro con llanto en los ojos
me espanta saberlas perdidas del todo.

Y es que si camino de nuevo tan solo
no se lo que habrá... sin tu azul... sin tu esbozo.

———

"Cuando sueño..."

Cuando sueño... el mundo se me hace eterno;
puedo viajar a tu encuentro sin temores ni complejos.
Cuando sueño... tu imagen se hace presente
y no hay distancia ni tiempo que debilite mi temple.

Cuando sueño... las calles son compañeras
de imágenes que se encuentran archivadas en mi mente.
Cuando sueño... todo me lleva a tu encuentro,
a imaginar que algún día se haga realidad el sueño.

Y mientras tanto tan lejos
tus ojos están cerrados mientras escribo este texto.
Y mientras tanto tan lejos,
pero tan cerca te siento, como empezando de nuevo.

Cuando sueño... la realidad es ficticia,
no hay fronteras que limiten el compartir tus sentidos.
Cuando sueño... caminamos sin reparo
por un boulevard tranquilo en donde todo es eterno.

Y mientras tanto tan lejos
tú soñando mientras duermes, mientras yo sueño despierto.
Y mientras tanto tan lejos
esperando con paciencia a que nos llegue el momento

en el que pueda sentirte acurrucada en mi seno
más allá de los recuerdos, más cerca de algo tangible
que ha vivido de ese sueño, tantos años sin rendirse
viviendo cada latido... esperando nuestro tiempo.

"Morir... para vivir"

Permanecer casi muertos
buscando que los minutos
que transcurren sin sentido
no se coman nuestras almas.

Permanecer en silencio
disimulando prestancia
buscando algún arcoíris
que ilumine nuestra estancia

en este tiempo sin tiempo,
en este espacio olvidado
en que morimos a diario
para vivir por mas años.

Permanecer enjuiciando,
crucificando al de al lado
con la paja en nuestro ojo
y el dolor que provocamos.

Permanecer casi aislados
en soledad compartida
mirando con disimulo
lo que ocurre a nuestro paso

en este tiempo sin tiempo,
en este espacio olvidado
en que morimos a diario
para vivir... no sé cuanto.

———

"Guarde la historia"

Hoy empecé a almacenar todas sus cartas
con las memorias, mi fe y su mirada.
Hoy comencé a guarecer tanta distancia
en el baúl donde hallé su remembranza.

Hoy comencé a desterrar cada palabra
que se quedó en un tal vez, sin esperanza
para poder claudicar, juntar las alas
y así dejar de volar en nubes fatuas.

Guardé la historia,
borre el retrato
y cada frase por ser
fue congelada otra vez… sin ser.

Hoy empecé a respirar sin escafandra,
con el dolor de saber que no hay secuela.
Hoy comencé a caminar por una senda
que no parece tener nunca más vuelta.

Guardé la historia,
corté las flores
y cada parte que fue,
fue relegada al ayer... se fue.

Hoy comencé a calcinar viejas historias
que eran tan sólo papel, palabras huecas.
Hoy empecé a comprender que no era eterna
la fantasía que surcó entre mis venas.

Guardé la historia,
cerré el relato
y lo que no pudo ser
dejó de ser lo que fue… sin ser.

"Cuando alguien se nos va"

Cuando alguien se nos va
sólo deja el recuerdo
y un halo de nostalgia
que nos cala por dentro.

Cuando alguien se nos va,
se nos carcome el cuerpo
al no poder aceptar
lo que pasó a destiempo.

Y duele tanto y se comprende menos
la razón del desatino de no estar ya más unidos.
Se sufre tanto y no se entiende del todo
el ayer estar juntitos y hoy saber que lo has perdido.

Cuando alguien se nos va
queda un vacío inmenso.
Hueco en el corazón
y frío entre los huesos.

Cuando alguien se nos va
no resignamos ni vemos
si es que hay un camino eterno,
todo es llorar en silencio.

Y duele tanto mirar el hueco de al lado
sabiendo que quedará de esa manera guardado.
Se sufre tanto y la fuerza se ha acabado
para retomar camino sin tenerlo de respaldo.

Cuando alguien se nos va
solo queda la memoria
el recuerdo compartido
de los campos recorridos.

Y duele tanto saber que todo ya se ha acabado,
que no hay forma de volver a tenerlo a nuestro lado.
Se sufre tanto y no hay forma de consuelo;
cuando alguien se nos va… se queda el hueco…
se queda el dolor… pero se muere todo.

———

"Deseos del 31..."

Con la primera uva
te deseo esperanza
para que salgas avante
en cada nuevo combate.

Con la segunda uva
te deseo elocuencia
para encontrar la manera
de expresar bien tus ideas.

Con la tercera y la cuarta
anhelos y la añoranza
por lo que hallarás mañana,
lo que acaba el día de hoy.

Con la quinta y con la sexta
cien sonrisas y alegrías
que te llenen cada día
de amor... bienaventuranza.

Con la séptima uva
te pediré fuerza interna
para soportar caídas,
las pérdidas de estos días.

Con la octava uva del día
te deseare tolerancia
para aceptar el camino
que te ha forjado el destino.

Con la nueve y con la diez
te desearé el interés
para continuar tu ruta
si hay obstáculos a cuestas

Con la onceava uva presente
te desearé la humildad
para comprender que el mundo
es compartido por todos.

Y con la última uva
te deseo felicidad
y que tu vida sea plena,
llena de luz... hermandad.

———

DEL ETERNO SENTIMIENTO

"La poesía"

La poesía es una novia esquiva,
se mantiene distante, caprichosa,
envolviendo en su manto letras vivas
que cautivan, fascinan o aniquilan.

Es el barro moldeado a la intemperie
para crear esculturas con la mente
y en el paso de estrellas centelleantes,
va formando cada frase inherente

a los dulces cerezos que resguardan
cada signo que unidos le dan vida
a palabras que definen caricias
y al amor... en cada luz divina.

La poesía es esencia que alucina,
heliotropo que cura cuerpo y alma.
Caracola de sueño y añoranza
que sacude la fibra más lejana.

Es un placido mar en la templanza,
una estela de súbita esperanza
que equilibra lo real y lo intangible
al fundirse en olas que lo eximen

de pintar unicornios y veletas
sosteniendo las frases contenidas
en la brisa que surge tras procela,
disipando penares y desdichas.

La poesía es el salmo de la rima,
religión del espíritu que habita
en el fruto de aquella vid que brota
del amor... y de esta paz bendita.

"Ayer perdí mi corazón"

Ayer perdí mi corazón,
no sé en donde lo dejé.
Se quedó agazapado en una esquina
por miedo a continuar su devenir.

Se escondió en el fondo de una risa
que no encuentra la ruta hacia el jardín
en que ayer jugueteaba noche y día
disfrutando su infancia... su sentir.

Ayer perdí mi corazón,
hoy no hallé su devenir.
Tal vez hace ya tiempo había marchado
por haberse cansado ya de mí.

Se alejó sin voltear a ver la sombra
de aquel niño que ayer era feliz
al trazar caracolas en el cielo
entonando en canciones... su ilusión.

¿Donde se ha de encontrar?
¿Cuando regresara?
¿Habrá hallado otro sitio
para allí palpitar?

¿Por qué quiso partir?
¿Qué orilló su sentir?
¿Se hallará entre las aguas
de un paraje sin fin?

Ayer perdí mi corazón,
no sé si un día volverá
si se encuentra con frío, temeroso
o si habita en un nuevo porvenir.

Me quedaré contemplando aquel vacío,
ese hueco en el alma sin cubrir.
Esperando, tal vez, un día regrese
y pedirle perdón... y no dejarlo ir.

———

"Tu sonrisa"

Tu sonrisa...
Esa mueca divina que sublima alegría,
que permite observarte y a la vez delirar.

Tu sonrisa...
Ese pequeño esbozo que te surge espontáneo,
que es elixir del cielo, de un cometa su luz.

Esa primera imagen que te muestra el camino
a una esencia tranquila que recrea su existir.
Ese primer enlace que delinea palabras
que van creando una historia, acercando tu andar.

Tu sonrisa...
Cual diamante infinito incrustado en tu rostro,
que te muestra en presencia, tu interior sin lustrar.

Tu sonrisa...
De semblante infinito que congela mi sino,
sumergiéndome en nubes de placer y soñar.

Ese primer encuentro de mis ojos a tu alma,
la primera confianza, la primera unidad.
Ese nacer de historias, de placeres ocultos
que entrecruzan miradas sin saber despertar.

Tu sonrisa...
Sortilegio divino que comienza en tu boca,
se desliza a tus ojos y se anida en mi faz.

Tu sonrisa...
Que despierta ilusiones, fantasías eternas,
cuentos antes descritos que aún no tienen final.

Esa imagen sencilla que se enlaza en mis sueños,
capturando el recuerdo de un ayer compartido,
conectando caminos cuando eclipsa la tarde,
y en mis noches insomnes... me hace al fin suspirar.

———

"Cambiando de planes"

Hoy empecé a caminar por viejos parajes,
me acurruqué en el sillón de añejos andares
en donde tanto escribí acerca de instantes
que se olvidaron crecer... cambiando de planes.

Hoy simulé que crecí olvidando el instante
en el que supe de ti y amé tus detalles
sin reparar que pasó el tiempo constante
y nunca pude aprender el cómo olvidarte.

Pero, hoy que volví la vista hacia el cielo,
percibí que el ayer se hallaba distante
enlazado en la luz de un sueño perenne
que se niega a saber el día de su muerte.

Hoy comencé a recorrer caminos pasados
sin la firmeza que ayer crecía por mis manos,
acumulando ansiedad en vanos intentos
por encontrar ilusión en turbios fracasos.

Hoy pretendí que el valor cubriera mis trazos
para poder claudicar ajeno a otro fiasco
sin comprender que esconder no tiene ya caso
cuando nos queda raíz de un sueño de antaño.

Pero, hoy que miré de nuevo ese espacio
en donde habita tu ser en vano letargo
reconocí que era cruel tratar de olvidarlo
cuando es tan grande el sentir y poco el hartazgo.

Hoy intente resurgir de aquellos momentos
en los que estaba tu piel curtida en mi aliento
pero dejé de escribir carente en detalles
de lo que no fue el ayer... cambiando de planes.

"Entre la noche y el día"

Vivimos tan separados,
distanciados por el tiempo
y esos millares de millas
que nos tienen apartados.

Vivimos tan marginados
del devenir cotidiano.
Lo real es la fantasía
de historias preconcebidas.

Entre la noche y el día,
entre el ave y la serpiente
se bifurcan los caminos
zigzagueando en agonía.

Entre la noche y el día,
entre América y Europa
se encuentran islas y océanos
dispersándonos en vano.

Porque el recordar acerca,
el compartir magnifica
cada detalle que brilla.
Alejados en presencia,
cercanos en comunión.

Vivimos extrapolados,
en circunstancias ajenas
sin saber cómo realmente
va transcurriendo el andar.

Vivimos de suma y resta,
entre la luna y la estrella
que vemos a cada instante
sin compartir su razón.

Entre la noche y el día,
ocaso y amanecer.
Dos puntos equidistantes
que no pueden converger.

Entre la noche y el día,
la nostalgia y la alegría
contraste cruel que perfila
cada instante en esta unión.

Porque el añorar cobija,
alimenta nuestros días
enlazando sueño y vida
en un circulo que gira
simplemente entre tú y yo.

———

"Me equivoqué"

Me equivoqué...
por buscar una flor en medio del desierto;
por mirar a la luz en vez de a la oscuridad.

Me equivoqué...
por galopar unicornios en praderas sin hierba;
por observar horizontes en rincones de sal.

Y así, me alimenté en tu sonrisa,
en tus palabras esquivas, dormidas
que nunca han de despertar.

Me equivoqué...
por creer que la luna tiene acceso hacia el sol;
por contemplar arcoíris que carecen de final.

Me equivoqué...
por navegar siete mares en busca de una sirena;
por creer que esa isla se podía colonizar.

Y así, fui sepultando utopías,
derribando fantasías, alegrías...
olvidándome de andar.

Me equivoqué...
por temor a desbocarme y no volverte a mirar;
por no batir bien las alas para volar sin parar.

Me equivoqué...
por dejar caer las hojas del árbol de mi camino;
por recorrer laberintos que no supe terminar.

Y así, fueron pasando los días,
luego los meses, los años...
y me volví a equivocar.

———

"¿Y si empezamos de nuevo?"

¿Y si empezamos de nuevo?
¿Y si mejor olvidamos..?
el que ayer nos lastimaron,
que tantos sueños cambiaron.

Que nuestro mundo es distinto
del que habíamos esperado.
Que estamos entre la gente
sin compartir nuestra mente.

Que sólo nos conformamos
sin luchar a cada paso.
Que nos cansamos ayer
y mejor hoy claudicamos.

¿Y si empezamos de nuevo?
¿Y si ya no recordamos..?
y comenzamos a andar
como en aquel primer paso.

¿Y si empezamos de nuevo?
¿Y si en cambio retomamos?
las esperanzas de antaño,
historias y no retazos

de un mundo con que soñamos
y que hoy parece lejano.
Caminar sin conformarnos
y luchar por lo que amamos.

¿Y si empezamos de nuevo?
¿Si solamente cortamos..?
el cordón umbilical
a todos nuestros fracasos.

Que ya no queden secuelas
de los dolores de antaño.
Que sólo quede esperanza
al mirar cada alborada.

¿Y si empezamos de nuevo?
y simplemente tomamos
las huellas que hemos dejado…
para trazar otros pasos.

———

"Solo quería que supieras"

Solo quería que supieras
que hoy me encuentro ya vencido
en esta historia ficticia,
carente de realidad.

Aunque digas tantas cosas,
los hechos han demostrado
que las palabras se pierden
con la ausencia de verdad.

Y es que son años perdidos,
fantasías sin soñar
cuando la ausencia es constante
cual gota sobre la mar.

Solo quería que supieras
que no hay dolor mientras miro
tu espacio hueco, vacío,
con el aire de tu andar.

Caminos no recorridos,
veredas sin transitar.
Cuentos en libros vacíos
que no tendrán un final.

Y es que son noches perdidas
mirando un cielo fugaz
en tanto el sol con la luna
nunca se habrán de encontrar.

Solo quería que supieras
que hoy ya dejo de soñar.
Cierro el cajón con tu diario...
no lo abriré nunca más.

"Hasta mi muerte"

Te esperé hasta mi muerte,
hasta el último aliento.
Mi más tibio suspiro
sucumbió en tu infinito.

Te esperé hasta mi muerte,
sin haber encontrado
el camino correcto
para hallar tu espiral.

Te seguí cada día,
compartí tus sonrisas.
Vigilé tus desvelos
y recé en tus tragedias.

Te ofrecí mis anhelos,
sin hallar resonancia
a esta escueta utopía
que murió sin tu luz.

Te esperé hasta mi muerte,
hasta que cada miembro
fue perdiendo el sentido
del respiro final.

Caminé por tus patios,
corregí mis desvíos
mas no supe encontrarte
en tu peregrinar.

Te escribí mil sonetos,
cien canciones de amor,
mas no hallé las palabras
para germinar tu flor.

Te esperé hasta mi muerte
y hoy que todo se acaba
ya no siento latidos
cuando escucho tu voz.

Y esa luz que me llama
hacia un punto distante
va borrando el recuerdo...
que sucumbe al morir.

———

"Hacer limpieza"

Hacer limpieza,
dejar atrás el pasado;
eliminar los pretextos
para archivar la utopía.

Reforzar viejos cerrojos
que han oxidado el espacio
para comenzar el tramo
sin el lastre de otros pasos.

Hacer limpieza,
sin escatimar esfuerzo;
sin anteponer pretextos
para continuar sin cambios

por un camino desierto
que se mueve en un circuito
de miedos y de obsesiones
que viven de sinrazón.

Y es que...

Si los océanos dividen,
si las distancias son largas...
son más las horas en vela
que se alimentan de paja.

Si son vuelos paralelos
que han delimitado el cielo,
solo queda abrir las alas
para planear sin rezago.

Hacer limpieza,
borrar aquellos escollos
que solo han sido evasivas
para no vivir en vida.

Olvidar lo inolvidable,
ponerle fecha al recuerdo
y guardarlo en aquel álbum
de recortes del pasado.

Y entonces...

Si no hay amor ni esperanza,
si las cadenas limitan;
si no hay tiempo en cualquier día,
si todo es parte de nada...

Que los océanos dividan,
que los vuelos nos separen,
terminar de hacer limpieza...
y que no haya marcha atrás.

"Olvidaba decirte"

Olvidaba decirte
que resiento tu ausencia
aunque no lo debiera
si no estás en presencia

Y es que son tantos años
de buscar sin hallarte;
de miradas confusas,
de observarte en la nada.

Olvidaba decirte
que aún conservo el recuerdo
de las horas vividas,
de las metas dormidas.

De esas noches en vela,
fabricando momentos.
De esos sueños inertes,
que aún parecen presentes.

Mas hoy debo decirte
que me harté de esperarte.
De tratar de entenderte,
sin saber lo que piensas.

Mas quisiera decirte
que no espero la muerte
para colmar de "hubieras"
nuestra senda perdida.

Olvidaba decirte
que me duele en el fondo
no encontrar la respuesta
a esta duda que aqueja.

Olvidaba decirte
de este hueco en los labios
que ha esperado paciente
el decirte de frente…

que no espero la muerte
para hallar la respuesta
a tu ausencia sin causa…
a tu adiós sin palabras.

———

"Mi sol es siempre tu luna"

Mientras el sol me despierta,
te dispones a soñar;
Mientras preparas tu día,
yo me voy a descansar.

Y así transcurren las horas,
sin la posibilidad
de emparejar nuestras vidas
y encontrarnos al final.

Mi sol es siempre tu luna,
mi lluvia tu claridad;
Mi canto siempre es silencio
en tu lejano escuchar.

Y así pasa esta quimera,
entre “hubieras” y “quizás”
sin encontrar el camino
para emparejar tu andar.

Mientras la luna me alumbra,
el sol cubre tu mirar;
Mientras me canta un jilguero,
un búho te ha de cuidar.

Y así el océano divide,
el tiempo no es relativo
y me levanto soñando
que nada de esto es verdad

que nos hallamos al lado,
que no hay frontera ni mar
que divida nuestro espacio
separándonos sin más.

Mi sol es siempre tu luna,
tu llanto mi soledad
y así se acaba la ruta
sin cruzarme en tu mirar.

Sin compartir el camino,
sin despertar a tu lado;
Alejados por destino...
juntos por necesidad.

———

"Las piezas del corazón"

Hoy tendré que comenzar
a hacer limpieza en el alma.
Tomar los torpes pedazos
que se encuentran lacerados.

Hoy fui forzado a iniciar
la destrucción de un pasado
que había marcado el camino
a cada sueño escondido.

Juntaré todas las piezas
de este corazón roído
que se mantuvo adherido
por el polvo y el olvido.

Pondré especiales cuidados
en tapar cada resquicio
para que quede fundido
y nunca más salga herido.

Hoy comenzaré a tomar
los desaires y delirios
para dejarlos afuera
y no carcoman mi instinto.

Tomaré cada elemento,
le limaré su aspereza;
lo armaré de nueva cuenta
sin fantasmas de otra tierra.

Hoy recobraré la fuerza
para limpiar cada huella
que está grabada en mi esencia
sin tener plena conciencia.

Y lavaré cada trozo
con empeño y con decoro
para borrar su presencia…
retomando la entereza… del corazón cada pieza.

———

"Si por mi fuera"

Si por mi fuera
te escribiría cada día.
Te contaría mis penas,
mis logros, mis fantasías.

Si por mi fuera
te llamaría a cada instante
para saber de tu vida,
de tu cantar, tu alegría.

Si no existieran prejuicios
y miedos acumulados
que limitan mis sentidos,
que contraen mis sentimientos.

Si no existieran distancias
físicas y virtuales
que separan nuestras almas
manteniéndolas ancladas.

Si por mi fuera
derribaría estas barreras,
te encontraría cada día
en el lugar que quisieras.

Si por mi fuera
elevaría mis plegarias
por encima de tus ansias
para hallar otra alborada.

Si no existieran temores
de historias acumuladas
que encadenan los caminos,
limitando mis latidos.

Si no existieran flaquezas
y realidades perversas
que juegan con mis anhelos,
complicando nuestra trama.

Si por mi fuera…

"Y fue al mirar tu sonrisa"

Llegue, te miré discretamente,
traté de alejarme un poco
porque sabía lo que haría
si me acercaba a tu lado.

Y así, me mantuve aislado,
hablando lo indispensable
sin atravesar la línea,
sin verte nunca de cerca.

pero el destino está escrito
y al voltearme, de la nada,
tus ojos vieron los míos,
ya no pudiendo evitarlo.

Y fue al mirar tu sonrisa
que la puerta cedió paso
al sentir que había anidado
desde unos meses antaño.

Y fue al mirarte sonriendo
que fui descubriendo tu alma
y en fracciones de segundo
anclé tu historia a mi espalda.

Llegué, te miré discretamente
y tal vez sin yo sentirlo
me fui acercando al camino
que cruzaba tu destino.

Y fue al mirar tu sonrisa
que las cadenas cedieron
a un sentimiento cautivo
en un coma sin sentido.

Y ahora me encuentro tranquilo
repasando lo vivido
y al mirar de esa sonrisa,
me siento vivo… infinito.

———

"Y, ¿cómo puede ser?"

Y, ¿cómo puede ser?
¿Realidad o fantasía?
Si es que al paso de los años
este amor sigue rondando

sin detenerse a pensar
que ha pasado tanto tiempo
y no hay forma de saber
si al crecer todo ha cambiado.

Si a la luz de tu sonrisa
sigo respirando vida.
Si al rozar de tu mejilla
sigue doliendo esa espina

que está clavada muy dentro
de este corazón tortuoso
que no permite que muera
este amor… este tesoro.

Y, ¿cómo puede ser?
¿Ilusión o algo tan puro?
que aunque pasaron los años
siga viéndote, temblando.

¿Cuánto habremos ya cambiado?
¿Qué ha quedado de la esencia?
¿Este amor es al recuerdo
o en verdad es a algo eterno?

Si al saber de ti, respiro,
se hace más bello este día.
Me ilusiona que aún transites
en esta historia continua

que parece no termina,
se hace más fuerte al amparo
de tu luz que siempre brilla
en la llama de tu amor… por siempre viva.

———

"Si tu recuerdo..."

Si tu recuerdo fuera
la semilla de una higuera,
crecería sin rumbo fijo
tornando verdes los campos.

Si tu recuerdo fuera
una hoja en el otoño
tapizaría los valles
de abedules, sus retoños.

Navegaría sin destino
por un mar azul turquesa;
desplegando cada vela
en un viento norte a sur.

Acurrucaría mis sueños
mientras miro a las estrellas
en un devenir sin rumbo,
una ruta sin final.

Si tu recuerdo fuera
las alas de una gaviota,
planearía en cada vuelo
hasta hallar tu palpitar

depositando mi anhelo
en tu sueño adormilado
para sembrar esperanza
que germine al despertar.

Si tu recuerdo fuera
lápiz y papel acordes
a cada nueva palabra
que nace al imaginar

que no es real esta falacia
que carece de templanza.
Si tu recuerdo fuera…
si te pudiera encontrar.

———

"En siglos distintos"

El se levanta temprano, se baña despacio
y mientras se toma un café, desayuna,
recuerda su imagen, suspira rendido,
se sube a su auto... sale a trabajar.

Ella prepara la cena, se mete a su cuarto,
enciende la tele, sin nada que hablar.
Toma un libro del armario, lo hojea aburrida,
apaga las luces...se acuesta a dormir.

Es tan parecido a vivir en dos siglos distintos,
planetas ajenos, extraños... tal vez.
Ella época victoriana y El en Las Cruzadas
lejanos caminos, paralelos... también.

Ella se baña con prisa, se bebe algún zumo;
corriendo al trabajo, hay mucho que hacer.
Mira desde su ventana a unos niños jugando,
nostalgia en sus ojos pero hay que volver.

El toma rumbo de un cine, se sienta aburrido,
la historia es la misma que siempre ha de ver.
Llega temprano a su casa, revisa el armario,
un álbum de fotos de historias de hiel.

Es tan semejante a vivir en dos siglos distintos,
estrellas lejanas, dispersas... lo sé.
El en la Etapa de Piedra con Ella en Venecia
anversos destinos, afines... no sé.

El se despierta otro día en la misma rutina,
de nuevo oficina, no hay más por crecer;
Ella camina en el parque, ajena al pasado;
viviendo sin tiempo, continuo el andén.

Solo les queda vivir como en siglos distintos,
ciudades fantasma, no existe el ayer.
Ella arropando su historia y El solo esperando
que irrumpa el destino… algún día ha de ser.

———

"Con tus cincuenta y los míos"

Con tus cincuenta y los míos
formamos un cien perfecto
para recorrer caminos
sin temores ni prejuicios.

Con tus cincuenta y los míos
podemos ver horizontes
que se alinean en la mar
y un atardecer compuesto

por tus sueños y los míos,
por tu elocuencia y mi afán
de transformar imposibles
en una simple verdad

que carece de cimientos,
que se mantiene latente
con tu luz, mi terquedad
y un amor... que nunca se ha de acabar.

Con tus cincuenta y los míos
formamos nuevos caminos
sobre la arena encendida
de una playa sin igual.

Con tus cincuenta y los míos
podemos entrelazarnos
para hacer cien años nuevos
llenos de complejidad.

Con tus historias de vida,
con mis ansias de volar
hasta hallar algún resquicio
en donde pueda alcanzar

de tus ojos, su destello;
de tu sonrisa la sal
de tus cincuenta y los míos…
el amor… que aún nos queda por recrear.

———

"Te amaré hasta mi muerte"

Te amaré hasta mi muerte,
hasta mi último latido;
que mis párpados se cierren
con tu imagen al final.

Te amaré hasta mi muerte,
hasta el último suspiro;
que mis labios se resequen
sin poderte ya besar.

Y así emprenderé el camino,
sin saber en dónde estás.
Cruzando cielos eternos
en la espera de tu amar.

Y así cruzaré desiertos
que me lleven a tu andar
y en cada pila de arena
te buscaré sin dudar.

Te amaré hasta mi muerte,
sin saber cuándo vendrá;
en esta espera ya eterna
de compartir tu mirar.

Y abriré puertas del cielo,
buscando sin descansar
el reflejo de tu imagen
en la orilla del cristal.

Te amaré hasta mi muerte,
hasta el último respiro;
sin rebelarme a la suerte
de no saberte encontrar.

Te amaré hasta mi muerte,
cuando entierren mi soñar;
con tu foto, envejecido,
este amor... y nada más.

EN ESTE LADO DEL COSMOS

"Somos lo que somos"

Somos lo que somos,
el resumen de los años combinados
con el triunfo y el fracaso,
el delirio de las cimas conquistadas.

Lo de ayer con lo presente,
los temores y los mitos derrotados.
El empuje y el constante
devenir de cada historia consignada.

Somos lo que somos,
La suma de los años confrontados,
los hechos y deshechos
de todos los caminos que has andado.

Lo nuevo ante el pasado,
los anhelos y los ritos consumados.
El coraje y el avance
de cada una de tus metas concebidas.

Somos lo que somos,
resultado de los lances enfrentados.
Lo distante y lo presente,
la ignorancia disfrazada de arrogancia.

Lo existente y lo soñado,
las veredas que trazaste en cada valle.
Lo vivo con lo muerto,
los adioses que nunca pronunciaste.

Y así... somos lo que somos
la historia que dejamos en el aire
los escritos, las huellas reflejadas
en el atardecer de aquel postrero aliento...
el último suspiro al infinito.

———

"Cuando ya me haya ido"

Cuando ya me haya ido
y no haya más por hacer,
se quedarán los recuerdos
de lo que no pudo ser.

Se cerrarán los caminos
que no quisiste cruzar
en la espera de un mañana
que nunca habría de llegar.

Cuando ya me haya ido
y tu semblante refleje
la ausencia de mi presencia,
de cada día sin buscar

el espacio compartido
de esta ausencia que al final,
cuando ya me haya ido...
solo habrá que lamentar.

Cuando ya me haya ido
y no quede algún lugar
en cual podamos hallarnos
para reponer andar.

Se llenará de nostalgia,
cada sitio sin pisar
y cada huella perdida
se ocultará sin brillar.

Cuando ya me haya ido
y solo quede anhelar
repetir aquella historia
que nunca pudo empezar.

Querrás retomar las horas
que no supiste llenar;
cuando ya me haya ido…
y no pueda regresar.

———

"La tierra y su fragilidad"

En momentos apremiantes como ahora
se hace tangible la tierra... y su fragilidad.
En fracción de segundos todo se destruye
y solo nos queda volver a comenzar.

Es entonces cuando la realidad
trasciende odios formando una unidad,
mano a mano juntando nuestras almas
en un núcleo de amor y de hermandad.

En instantes en que la tierra muestra
su poder, su equilibrio... su debilidad,
es momento de hacer plena conciencia
y cuidar sus entrañas sin dudar.

Y es tan solo ayudar a hacer del mundo
un mejor sitio para los que vendrán.
Es tan solo olvidar nuestro egoísmo
y apoyarnos a todos por igual.

Olvidarnos del toque algo agridulce
del stress que domina nuestra paz
para empezar a mirar juntos al cielo,
ser humanos sin dividir andar.

En momentos tan tristes como ahora
en que gente dejó de transitar
ha quedado en nosotros el camino
de ser parte en su luz y continuar.

Y tenderle la mano a esa persona
que hoy deambula sin rumbo ni lugar,
apoyarse en el hombro del de al lado
para unir cada fuerza al transitar.

En momentos agobiantes como hoy día
que la tierra gritó… fragilidad,
solo queda escucharla atentamente
y responder con apoyo y humildad.

A cada paso que demos, ser constantes
y apoyar al extraño, al que vendrá
para que nuestra tierra vuelva a tener vida
y por siempre ser… humanidad.

———

"Al otro lado de las estrellas"

Al otro lado de las estrellas
existe un mundo diferente
en donde el amor es etéreo
y todo se vuelve real.

Un mundo en que no hay envidias
ni enojos que conciliar,
en donde brilla ante todo
la luz de cada verdad.

Un mundo lleno de dicha,
colmado de inmensidad
en cada día, en cada historia
que habita en ese lugar.

Al otro lado de las estrellas,
en ese lugar sin igual,
el oro no es lo que brilla
sino la paz y hermandad.

Un mundo simple y sencillo,
sin guerras que confrontar.
Un mundo lleno de risa,
relax e interioridad.

Un mundo como no hay otro
donde soñar es vital
en donde cada alegría
se goza en comunidad.

Al otro lado de las estrellas
habitan seres en equidad
y cada noche suspiro
con intentar el llegar

a ese lugar infinito
lleno de prosperidad,
en donde el amor se respira...
donde seguro tú estás.

———

"La vida y la muerte"

La vida y la muerte siempre...
van tomadas de la mano.
Se miran a cada instante
sin intención de alejarse.

Se observan, se coquetean,
se entrelazan sin hablar.
Le temen a estar tan juntas
y no poderse alejar.

La vida y la muerte se aman...
no saben vivir ajenas.
Se nutren de tus tragedias,
mientras departen serenas.

Se atañen, se pertenecen,
se hacen daño sin pensar
que no pueden ser eternas,
sus cadenas son de sal.

Y en tanto sólo observamos
sin comprender la verdad,
que son hermanas gemelas
que dan curso a nuestro andar.

La vida y la muerte siembran...
van seduciendo tu espacio.
Se alimentan de tus miedos,
tu valor y tu osadía.

Se contagian, se rebelan,
cuando menos te imaginas
para mostrar su poder...
en tu intrascendente paso.

Van cediéndose el camino,
jugando con tus latidos.
No saben de sentimientos
mientras luchan palmo a palmo

hasta que las encontramos
debatiendo un juego insano
que siempre gana la muerte...
tu vida la ha de premiar.

———

"Se me está escapando el alma"

Se me está escapando el alma
en cada paso que doy;
a cada instante que vivo
en medio de esta locura
que transita en cada esquina.

Se me está escapando el alma
y no tengo más conciencia
que la de vivir el día
sin poder ver amapolas
entre tanta mala yerba.

Y van pasando las horas...
y van pasando los días
enredado en la locura
de un mundo que gira y gira.

Olvidando ver la dicha
en cada instante que pasa
sin entender que la vida
se nos va como la brisa.

Se me está escapando el alma
en medio de esta utopía,
en donde no existe calma
para emprender la osadía
de detener la caída.

Se me está escapando el alma
entre gritos y empellones,
sin poder guardar paciencia
para dejar las maletas
y así observar las estrellas.

Y van pasando semanas…
y van pasando los años;
el cuerpo se vuelve viejo
…mientras el alma se aleja.

Se me está escapando el alma…
y no hay poder que lo impida.

———

"En la lucha por la vida"

En la lucha por la vida
nos sometemos al paso
de circunstancias adversas
que nos van haciendo esclavos

de un mundo de diferencias,
en lugar de ver coherencias
y que buscamos lo mismo
que aquel sentado a tu lado.

En la lucha por la vida
vamos poniendo barreras
en lugar de liberarnos
y ver la luz en el todo.

Nos protegemos en vano,
nos resguardamos del fango
sin entender que en presencia
somos parte del latido

de un corazón que palpita,
unos ojos que se admiran
de este universo que irradia
su complejidad sencilla.

En la lucha por la vida
nos enconchamos peleando.
Nos protegemos de todo
lo que pudiera hacer daño.

Separamos religiones:
"tu creencia mi enemiga".
Olvidamos que en esencia,
todos deseamos lo mismo.

Y así vamos caminando
protegiendo cada paso
mientras se pasa la vida…
en una lucha perdida.

———

"Vivir con miedo"

Qué miedo vivir con miedo,
qué odioso sentir tanto odio;
Qué pena olvidar la pena
de no cumplir vida plena.

Qué absurdo ver tan absurdo
cada hecho de alguien extraño,
sin ver la paja en el ojo
de tus pasos realizados.

Qué asco sentirse asqueado
en un mundo cotidiano
en que el odio es el remanso
que libera nuestro enojo.

Qué miedo vivir con miedo,
qué tacto no hallar acierto;
Qué triste sentir la murria
de una existencia vacía.

Qué cierto encontrar incierto
cada camino trazado
en círculos recorridos
de veredas sin destino.

Qué miedo vivir con miedo,
qué absurdo ver todo absurdo;
Qué asco sentirse asqueado...
qué incierto que esto sea cierto.

———

"El tiempo es relativo"

El tiempo es relativo...
Pasado, presente y futuro
convergen sin darse cuenta
mientras tomamos conciencia
de su invisible presencia.

El tiempo es relativo...
se forma de mil madejas
de constantes paradojas
que controlan nuestros pasos,
delineando el universo

en sombras y recovecos,
de finales olvidados,
de historias acorraladas
entre el tiempo y el espacio.

El tiempo es relativo...
Sólo se torna consciente
cuando lo vuelves presente
en un recuerdo, un anhelo
que se apropia de tu mente.

El tiempo es relativo...
no existe si no lo invocas,
si no surge de tu boca
una voz, una esperanza
de enlazarlo en tu vertiente

y en turbias alegorías,
de fantasías perdidas
que se encuentran hoy dormidas
entre el espacio y el tiempo.

El tiempo es relativo...

todo deja de existir
en tanto pase al olvido,
de lo que ayer fue querido
o anhelado en el mañana.

Y se destruye en pedazos
dejando lava e incienso
como simple referencia
de nuestro paso en la vida.

El tiempo es relativo… finalmente.

———

"50 metros de confinamiento"

50 metros de confinamiento,
las paredes han de hablan,
empiezan contando historias,
encuentros que sucedieron
en este extraño lugar.

50 metros de confinamiento
que comienzan a estrechar
un sinfín de buenos tratos
más, distante a los demás,
fastidio por no acabar.

Y se asoman fantasmas
ocultos en el rincón
de pasados olvidados
que no deseas recordar.

La soledad te acaricia,
desquebrajando tu afán;
laberintos de silencio,
locura sin terminar.

50 metros de confinamiento,
vas perdiendo la razón
repitiendo el mismo trazo,
cada nuevo despertar,
hasta ver la obscuridad.

Y descubres rincones
en tu mente terrenal
que carcomen historia
y a tu ser vegetal.

La realidad es ficticia;
la ilusión es de verdad

mientras pasas cada día
entre papel celofán.

50 metros de confinamiento,
laberinto sin control
que se oprime y se contrae
cual aguja en un pajar...
sin hallar algún final.

"Cuando mi parte oscura"

Cuando mi parte oscura
se adueña del intelecto
no hay luz que tenga cabida,
ni voz que rompa el silencio.

No hay lugar a la osadía
ni ilusiones que persistan
en este mundo que pesa
mucho más a cada día.

Cuando mi parte obscura
se refugia en mis pupilas,
no hay sonrisa que reviva
a sensaciones cautivas.

Y no hay dolor, sólo un cruel escalofrío;
y no hay valor para buscar otro sino.
Solo inquietud, al ver el tiempo que pasa
sin respirar, sin sentir... sin palpitares que aflijan.

Cuando mi parte oscura
cubre en su velo el espacio
no hay moraleja que rija
el despertar sin cabida.

Y no hay color, solamente algo de hastío;
y no hay frialdad que te recorra la espina.
Sólo hay temor a un transitar sin destino,
sin una luz, sin suspirar... viviendo noches perdidas.

Cuando mi parte oscura
paraliza los sentidos
no hay impresiones que logren
cruzar umbrales dormidos.

Y no hay pasión, sólo un calor retenido,
ni desazón al derrumbarse el camino.
Sólo escozor en cada herida sufrida
ya sin dolor... ni sensación... ni sentimientos con vida.

———

"La vida se nos va"

La vida se nos va
en medio de promesas,
historias por llenar
basadas en quimeras.

Trazando aprendizajes,
creciendo hacia un futuro
que un día disfrutarás
segundo por segundo.

La vida se nos va
sin ver cada detalle.
El simple respirar,
la huella de tu sino.

Viviendo por vivir;
creciendo en un camino
en que tus pasos van
en círculos continuos.

La vida se nos va
en víspera a un mañana
en que la vida irá
conforme a tus designios.

Hablando sin hablar
dejando todo en vilo
hasta que ha de llegar
lo que dicte el destino.

La vida se nos va
cargada de sorpresas.
Palabras que se van
sin conocer su senda.

Y así sin darnos cuenta
llegamos al final
planeando cada día...
la vida se nos va.

———

"Y el alma, ¿dónde se encuentra?"

Y el alma, ¿dónde se encuentra?
¿Dónde se ubica escondida?
Estará bajo los puentes
o en la espina de un rosal.

Se hallará en algún resquicio
de una escalera sin fin
que conduce al primer sitio
donde aprendiste a vivir.

Se encontrará rebosante
en las flores del jardín
en que forjaste el camino
que te ha tocado seguir.

Y el alma, ¿dónde se encuentra?
¿Dónde esconde su perfil?
Se esconderá entre las sombras
de una tormenta sin fin.

Se ubicará en los albores
de la creación principal
en este plano imperfecto
que parece claudicar.

Se emplazará entre las olas
de un tsunami universal
que reubicará las piezas
de este acertijo falaz.

Y el alma, ¿dónde se encuentra?
¿Será el factor principal?
De este laberinto eterno
que no encuentra su final.

"En este espacio"

En este espacio, voy esculpiendo sueños,
entre vasos de espuma y un recuerdo sinuoso.
Entre cuatro paredes, con el cielo de entorno
y la fe de que pronto, aterrice este gozo

en jardines hermosos, con la flor de tus ojos
iluminando todo, con tu risa de fondo
dando vida a una historia, toda vez retenida
por estafas divinas... por caricias perdidas.

En este espacio, voy recreando estos trazos,
recordando y vibrando en tu estela, mi todo.
Entre turbias promesas que seducen de pronto,
esperanza que nunca morirá con decoro

en un valle sinuoso de abedules frondosos
que nos miran nerviosos sin entender del todo:
“Mientras haya una chispa que de luz a mis ojos,
ilusiones eternas vivirán con nosotros”.

En este espacio, he hilvanado recuerdos
con historias sencillas, paraísos dormidos.
Entre plumas y letras, códigos pretenciosos,
he descrito añoranza y un futuro celoso

por no verte en tu espacio, dibujando mi rostro
mientras lees lo que cuento de este espacio remoto
en que miro tu foto, cuando escribo un esbozo
que no describe todo... que no cuenta del todo.

———

"Gigantes"

Nuestra vida a veces es ingrata,
se consume en promesas sin cumplir,
encadenada a desastres cotidianos
que parecen no tener algún fin.

Vamos agazapados sin fijarnos
lo qué hay bajo tu brazo, porvenir
y un bagaje repleto de alegrías
en los pasos que te han traído aquí.

En un mundo habitado por gigantes
cuesta tanto encontrar un porvenir
pero si siempre miras a la cima
solo queda otro cielo por seguir.

Nuestros sueños no siempre son constantes,
se detienen al más leve desliz
y se ruedan colinas hacia abajo
a un abismo infinito de sufrir.

Encadenamos entonces los ideales
y portamos caretas sin saber
que al volver a tu cuarto sin ropajes
solo queda una mueca en tu sentir.

En un mundo habitado por gigantes
no hay raíces que nazcan del jardín
en que ocultas tus miedos, tus desdichas
en abismos eternos de fingir.

Mas aún quedan caminos escondidos
entre cada paraje por venir
y cosechas de sueños y alegrías
en plantíos de un nuevo porvenir.

Siete llaves resguardan tus temores
que crecieron de un tiempo ya sin fin
solo queda encontrar las siete puertas
que dan luz a la vida y proseguir

por un mundo carente de gigantes
en que cada camino es un vivir
sin los miedos atados a la espalda,
con la vista a la cima... y ser feliz.

"Los demonios"

Los demonios,
los que llevamos tan dentro
los que dejamos en casa;
los que ocultamos a todos
en el fondo de un arcón.

Las memorias olvidadas,
las fantasías soñadas;
las mentiras cotidianas,
el odio impuro, el rencor.

Los demonios,
que usurpan nuestro destino,
que galopan los caminos
tergiversando la historia
más allá de la razón.

Seres de envidia y recelos
que hacen sucumbir el tiempo
en horas desperdiciadas
entre el "hubiera" y "quizás".

Los demonios,
que se apoderan del alma,
que hacen olvidar la calma
cuando la vida es incierta,
sucumbiendo ante el temor.

Los que te tiran de bruces
en realidades ingratas
que hacen despertar el alma
en un fango de dolor.

Los demonios,
que se apoderan de todo,
qué hay que mantener ajenos
dormitando en tus adentros...
sin salir al exterior.

———

"El día que muera"

El día que muera
no acompañaré sus rezos,
ni brincaré de alegría
por saberme tan querido.

Solo estaré allí observando
sus muestras de desatino,
pensando por qué no ha sido
cuando aún estaba allí.

El día que muera
no espero verlos llorando
cuando al estar aún en vida
escondieron su camino

y se quedaron flotando
en el trajín de los años
esperándose a “mañana”
compartir lo que sentimos.

Y no habrá tiempo... se ha terminado.
Y no habrá abrazos... solo llanto y desazón.

El día que muera
no miraré hacia el pasado
ni intentaré dar la vuelta
para sonreír a todos.

Caminaré sin tapujos,
con la firmeza de siempre,
que ya será de los otros
quedarse con los “hubiera”.

Y no habrá tiempo... se habrá acabado
y no habrá amores... sólo la desolación.

———

"Recuperar la paz"

Recuperar la paz
y ser mejor cada día
en pos de un mundo perfecto,
sin odio ni hipocresía.

Recuperar la paz
sacando de cada arteria
la energía suficiente
para acabar este exilio...

Exilio de sentimientos,
de amor por nuestros hermanos;
De comprender que el camino
es similar para todos.

Recuperar la paz,
olvidar las religiones:
Buda, Ala o Jesucristo,
son en esencia lo mismo.

Recuperar la paz
y ser conscientes eternos
de que esta vida es un paso
y no un destino final...

Final de todo principio,
encadenando las almas
a un todo que sin apoyo
solo es parte de la nada.

Recuperar la paz
y aceptar que cada idea
básicamente es la misma
que desencadenó la guerra.

Recuperar la paz,
anteponer la presencia;
Que el espíritu se nutre
de lo que haces con los otros…

Otros que van a tu lado
y que requieren lo propio:
Recuperar nuestra paz y...
juntos… retornar al infinito.

———

"Hoy me habló Dios al oído"

Hoy me hablo Dios al oído y tan solo susurró
que me quedaban 100 horas para en la tierra seguir;
que más allá de esos días, al cielo habría que partir
y nunca más gozaría lo que existe junto a mi.

Traté de recriminarle, de repudiar su deseo,
de echarle la culpa entera por lo que desperdicié.
Traté de hacerle entender que me faltaban mil cosas,
pero, no abrió más sus labios, solitario me quedé.

Salí a la calle lloroso y me enfrenté con la gente,
odié verlos tan felices sin preocuparse por nada.
Toqué el claxon al vecino, repudie a aquel vendedor
y me enfrasqué en una lucha por mantener "mi" lugar.

Malgasté más de 10 horas criticando a los demás
hasta que por fin di cuenta que se acercaba el final
y empecé a ver cada cosa, en su esencia principal,
alejándose la bruma que envolvía a mi mirar.

Me di cuenta del absurdo en que solemos estar,
criticando, cuestionando, sin entender lo demás,
viendo cual desperdiciamos los años que han de quedar,
peleándonos ante todo, sin disfrutar en verdad.

Decidí ver a mi esencia, separar lo que es vital
de toda la "paja interna" con que solía transitar.
Y me quedé con tan poco pero tan trascendental,
mis recuerdos, mi familia, mi voluntad de soñar.

Salí de nuevo a la calle a disfrutar sin dudar,
observe el amanecer, el canto de un ruiseñor;
saludé a un desconocido, lo invité a desayunar,
descubrí que hay otra historia detrás de cada maldad.

Y al llegar aquella noche, me recosté a dormitar;
descansé sin arrebatos y en mis sueños escuché
a Dios hablando a mi oído, sonriéndome con su paz
y le guiñé los dos ojos, agradeciendo entender
que mis horas que quedaban… no volverían nunca más.

———

"En el año que viene..."

En el año que viene...
me olvidaré del pasado
y empezaré a fabricar
un futuro sin amarras

en donde cada mañana
se nutra de la esperanza
de encontrar una salida
a cada vieja maraña.

En el año que viene...
recobraré la confianza
en cada ser que converja
a la luz de mi camino

y negaré el pesimismo,
claudicaré de "lo mismo"
para observar cada día
como siempre hube querido.

Caminaré sin reparos,
alimentando mi esencia
con cada nueva experiencia
mezclada con la añoranza

de esos pasos emprendidos,
que han formado el recorrido
para mirar este mundo
de la forma en que lo miro.

En el año que viene...
seré el mismo de otros años
pero anexaré la fuerza
de cada error cometido

en aras de hallar motivos
que me mantengan presente
en esta vida dispersa...
en este sueño de vida.

En el año que viene…
en el día que viene…
…en el segundo que viene.

———

Acerca del autor

Luis M. Vázquez nació en la Ciudad de México el 2 de octubre de 1964. Se tituló de Licenciado en Ciencias de Comunicación del Instituto Tecnológico de Monterrey Campus Estado de México recibiendo el "Borrego de Oro" por Difusión Cultural en 1994, máximo galardón otorgado a los estudiantes que se destacan en actividades extracurriculares. Ha escrito varios libros de poemas y ha dedicado estos últimos años a escribir sus memorias a manera de bitácora. Actualmente trabaja como Coordinador de Logística para CIE en conciertos y eventos especiales, laborando con artistas de la talla de Paul Mc Cartney, Justin Bieber, Guns N' Roses y en el ámbito latino Miguel Bose, Shakira y Alejandro Sanz entre otros.

Otros libros publicados por el autor

-Bitácora de viaje: Anécdotas del camino... 2019 - 2020

Made in the USA
Middletown, DE
18 September 2021